DUOSHI LIANYUN
"YIDANZHI" FAZHAN YANJIU

多式联运
"一单制"发展研究

交通运输部规划研究院 著

人民交通出版社
北京

内 容 提 要

本书深入研究了多式联运"一单制"的概念与内涵，系统梳理了我国多式联运"一单制"的发展历程与实践情况，提出了我国多式联运"一单制"发展的总体思路及推进路径。

本书可供交通、物流等相关科研单位或企业从业人员阅读。

图书在版编目（CIP）数据

多式联运"一单制"发展研究 / 交通运输部规划研究院著 .—北京：人民交通出版社股份有限公司，2025.3

ISBN 978-7-114-18299-0

Ⅰ.①多… Ⅱ.①交… Ⅲ.①国际货运—多式联运—研究 Ⅳ.① F511.41

中国版本图书馆 CIP 数据核字（2022）第 197906 号

Duoshi Lianyun "Yidanzhi" Fazhan Yanjiu

书　名：	多式联运"一单制"发展研究
著 作 者：	交通运输部规划研究院
责任编辑：	董　倩
责任校对：	赵媛媛
责任印制：	张　凯
出版发行：	人民交通出版社
地　　址：	（100011）北京市朝阳区安定门外外馆斜街 3 号
网　　址：	http://www.ccpcl.com.cn
销售电话：	（010）85285857
总 经 销：	人民交通出版社发行部
经　　销：	各地新华书店
印　　刷：	北京市密东印刷有限公司
开　　本：	720×960　1/16
印　　张：	12.25
字　　数：	152 千
版　　次：	2025 年 3 月　第 1 版
印　　次：	2025 年 3 月　第 1 次印刷
书　　号：	ISBN 978-7-114-18299-0
定　　价：	80.00 元

（有印刷、装订质量问题的图书，由本社负责调换）

《多式联运"一单制"发展研究》编委会

主　　编：甘家华

副 主 编：李　弢　魏永存　信红喜

编写人员：成倩倩　刘佳昆　何荣荣　陈波茬

　　　　　李云汉　李绪茂　向宏杨　苏华正

　　　　　冷智强　周也方　刘勇凤　杨丁丁

　　　　　何　伟

PREFACE 前言

多式联运是依托两种及以上运输方式的有效衔接，提供全程一体化组织的货物运输服务，具有产业链条长、资源利用率高、绿色低碳、效益好等特点。发展多式联运，有利于充分发挥各种运输方式的整体优势和组合效率，对于增强经济发展新活力、延伸绿色发展新路径、培育开发开放新优势具有重大现实意义。党中央、国务院高度重视多式联运发展，特别是党的十八大以来，国家层面推进力度不断加大。《中共中央关于全面深化改革若干重大问题的决定》《国民经济和社会发展第十四个五年规划纲要》等均提出要加快发展多式联运。

随着国家推动多式联运发展的力度不断加大，发展"一单制""一票制""一票到底"等模式的一体化多式联运的概念逐步被提出。社会对于推进多式联运"一单制"的呼声和要求日益强烈，国家各部门也积极推进相关工作，在各地陆续开展相关实践。推行多式联运"一单制"工作在行业内已形成较强共识。但由于多式联运全程涉及主体多、单证多，服务层面广、链条长，不同部门、不同方式、不同市场主体对"一单制"的认知存在较大偏差，体制、信息、规则三大壁垒难以打破，发展多式联运"一单制"依然任重道远。

本书在充分借鉴国内外经验的基础上，对我国多式联运"一单制"的发展历程与实践情况进行系统梳理，深入研究了多式联运"一单制"的概念与内涵，提出了我国多式联运"一单制"发展的总体思路及推进路径，旨在以"一单制"推动引领多式联运和综合交通运输提质增效，支撑和引领经济转型升级，立足全球视野，服务构建新发展格局，以战略空间拓展、系统效率提升和有效需求满足为导向，以提质、降本、增效为核心，充分运用现代信息技术手段，推动构建符合我国国情特点、阶段特征和战略需要的多式联运单证体系。

本书结合我国多式联运"一单制"发展的新形势，针对推进过程中存在的低效问题，以促进我国多式联运高质量发展为目的，聚焦多式联运全程"一次委托"、运单"一单到底"、结算"一次收取"、保险"统一理赔"、货物"全程负责"，提出了一些创新的观点和结论，主要有：

（1）以单证金融化为重点，重塑国际规则。制定以多式联运提单为牵引的规则和服务规范；围绕标准化、全链条构建多式联运配套系统；依托多式联运提单，创新国际物流贸易规则，探索多式联运运单物权化试点。

（2）以单证电子化为重点，提升服务质效。研究推广多式联运电子运单，建立多式联运"一单制"数据交换体系，推动多式联运信息互联共享，推动多式联运电子提单应用。

（3）以单证规范化为重点，夯实发展基础。完善并推广标准化多式联运单证格式，推动完善多式联运"一单制"管理制度，健全多式联运"一单制"标准规则体系，完善多式联运信息资源互联共享标准规范体系，推动完善法律法规体系。

（4）以单证标准化为重点，培育市场主体。培育多式联运经营人，培育多式联运经营平台企业，鼓励拓展境外网络。

（5）以单证载体化为重点，构建行业生态。优化多式联运"一单制"通关监管模式，加强多式联运"一单制"融资服务保障，促进多式联运"一单制"保险制度创新。

（6）以单证普及化为重点，推进试点示范。在多式联运示范工程骨干企业中积极推广"一单制"，聚焦重点难点，开展多式联运"一单制"

试点。

本书部分技术成果已得到相关部门认可并用于支撑《交通运输部 商务部 海关总署 国家金融监督管理总局 国家铁路局 中国民用航空局 国家邮政局 中国国家铁路集团有限公司关于加快推进多式联运"一单制""一箱制"发展的意见》（交运发〔2023〕116号）等文件。

在此对参与本书前期研讨的领导专家表示由衷的感谢，对所有支持本书出版的人员及本书编委会成员表示感谢，对所有交通运输行业从业人员及广大读者表示诚挚的敬意与感谢，是您们为我国多式联运发展画上了浓墨重彩的一笔。

我国多式联运"一单制"尚处于发展阶段，各种问题还需在实践中加以探索与检验，由于编者水平有限，本书不足之处恳请读者不吝指正，万分感激。

作　者
2025年1月

目录 CONTENTS

第一章 多式联运"一单制"基础理论 ··· 001

- 第一节 多式联运"一单制"的提出 ··· 002
- 第二节 多式联运的内涵 ··· 006
- 第三节 国内外法规条例相关规定 ··· 011
- 第四节 多式联运单证类型和属性分析 ··· 015
- 第五节 多式联运"一单制"的概念及内涵 ··· 035

第二章 多式联运"一单制"发展现状与问题 ··· 041

- 第一节 国家层面推进情况 ··· 042
- 第二节 部委层面推进重点 ··· 045
- 第三节 地方层面推进情况 ··· 048
- 第四节 各地实践模式总结 ··· 051
- 第五节 存在的主要问题 ··· 062

第三章 国内外经验借鉴 ··· 077

- 第一节 国内外相关行业发展经验 ··· 078

第二节　国际多式联运单证规则发展历程…………………… 093

　　第三节　国际行业组织多式联运单证规则…………………… 100

　　第四节　国外企业多式联运单证相关实践…………………… 105

　　第五节　借鉴与启示…………………………………………… 121

第四章　多式联运"一单制"发展总体思路……………… 129

　　第一节　形势要求……………………………………………… 130

　　第二节　推进思路与目标……………………………………… 134

　　第三节　推进重点与步骤……………………………………… 138

第五章　多式联运"一单制"发展推进路径……………… 141

　　第一节　以单证金融化为重点，重塑国际规则……………… 142

　　第二节　以单证电子化为重点，提升服务质效……………… 144

　　第三节　以单证规范化为重点，夯实发展基础……………… 146

　　第四节　以单证标准化为重点，培育市场主体……………… 147

　　第五节　以单证载体化为重点，构建行业生态……………… 148

　　第六节　以单证普及化为重点，推进试点示范……………… 149

附录………………………………………………………………… 153

　　附录1　《民法典》关于多式联运合同的规定……………… 154

　　附录2　国内集装箱多式联运运单样式……………………… 155

　　附录3　铁路运单（货票）…………………………………… 156

　　附录4　海运提单……………………………………………… 161

附录5　水陆联运货物运单 …………………………………… 162

附录6　水路货物运输合同（集装箱） …………………………… 165

附录7　海上国际集装箱货物交付单证附件 …………………… 166

附录8　快递运单 …………………………………………………… 170

附录9　航空运单 …………………………………………………… 171

附录10　交通运输部　商务部　海关总署　国家金融监督管理总局　国家铁路局　中国民用航空局　国家邮政局　中国国家铁路集团有限公司关于加快推进多式联运"一单制""一箱制"发展的意见（交运发〔2023〕116号）…… 172

参考文献 …………………………………………………………… 179

CHAPTER 1 第一章

多式联运"一单制"基础理论

多式联运是依托两种及以上运输方式的有效衔接，提供全程一体化组织的货物运输服务，具有产业链条长、资源利用率高、绿色低碳效益好等特点。发展多式联运，有利于充分发挥各种运输方式的整体优势和组合效率，为货主提供无缝衔接的"门到门"服务，代表着综合运输的先进发展方向，对于增强经济发展新活力、延伸绿色发展新路径、培育开发开放新优势具有重大现实意义。

第一节　多式联运"一单制"的提出

一　多式联运"一单制"的发展背景

党中央、国务院高度重视多式联运发展，特别是党的十八大以来，国家层面推进力度不断加大。《中共中央关于全面深化改革若干重大问题的决定》《国民经济和社会发展第十三个五年规划纲要》等均提出要加快发展多式联运。《物流业发展中长期规划（2014—2020年）》将多式联运工程作为"十二大工程"之首。2016年12月，经国务院同意，《交通运输部等十八个部门关于进一步鼓励开展多式联运工作的通知》（交运发〔2016〕232号）印发至有关部委和地方人民政府，进一步明确了多式联运在国家层面的战略定位。随着国家推动多式联运发展的力度不断加大，发展"一单制""一票制""一票到底"等模式的一体化多式联运的概念逐步被提出。《国民经济和社会发展第十四个五年规划和2035年远景目标纲要》明确提出，发展旅客联程运输和货物多式联运，推广全程"一站式""一单制"服务。社会对于推进多式联运"一单制"的呼声和要求日益强烈，国家各部门也积极推进相关工作，在各地陆续开展相关实践。但各方对于"一单制"的认识并不统一，推进和实践路径也各不相同。

二、推行"一单制"的制度要求

随着国家层面对多式联运发展的日益重视，相关制度文件逐步对"一单制"发展作出了部署，各地方部门根据政策要求，明确提出大力发展多式联运"一单制"。在商务部自贸试验区试点中，重庆、四川、河南、山东、福建、广西等地均将多式联运"一单制"明确作为自贸试验区试点任务，由交通运输部门牵头推进落实。

2016年6月，《国务院办公厅关于转发国家发展改革委营造良好市场环境 推动交通物流融合发展实施方案的通知》（国办发〔2016〕43号）中，提出以多式联运为重点，推行物流全程"一单制"：推进单证票据标准化，以整箱、整车等标准化货物单元为重点，制定推行企业互认的单证标准，形成绿色畅行物流单。构建电子赋码制度，明确赋码资源管理、分配规则，形成包含货单基本信息的唯一电子身份，实现电子标签码在物流全链条、全环节互通互认以及赋码信息实时更新和共享。支持行业协会及会员企业制定出台绿色畅行物流单实施方案，加快推广"一单制"，实现一站托运、一次收费、一单到底。推动集装箱铁水联运、铁公联运两个关键领域在"一单制"运输上率先实现突破。大力发展铁路定站点、定时刻、定线路、定价格、定标准运输，加强与"一单制"便捷运输制度对接。

2016年7月，交通运输部印发的《综合运输服务"十三五"发展规划》中，明确提出：把发展多式联运作为综合运输服务体系建设的主导战略，着力构建设施高效衔接、枢纽快速转运、信息互联共享、装备标准专业、服务一体对接的多式联运组织体系，重点发展以集装箱、半挂车为标准运载单元的多式联运，推进铁水、公铁、公水、陆空等联运模式有序发展。引导和支持具备条件的运输企业加快向多式联运经营人转变，推行"一单制"联运服务。

2016年12月，《交通运输部等十八个部门关于进一步鼓励开展多式联运工作的通知》（交运发〔2016〕232号）中，对"一单制"工作作出了进一步细化，要求加快单证格式的衔接，构建一体化运输服务规则，具体为：强化服务规则衔接。加快推进不同运输方式在票据单证格式、运价计费规则、货类品名代码、危险货物划分、包装与装载要求、安全管理制度、货物交接服务规范、保价保险理赔标准、责任识别等方面的衔接，制定有利于"门到门"一体化运输组织的多式联运服务规则。

2021年8月2日，《国务院印发关于推进自由贸易试验区贸易投资便利化改革创新若干措施的通知》（国发〔2021〕12号）中，进一步明确：

（1）加快推进多式联运"一单制"。交通运输管理部门支持自贸试验区试点以铁路运输为主的多式联运"一单制"改革，鼓励自贸试验区制定并推行标准化多式联运运单等单证。加快推进全国多式联运公共信息系统建设，率先实现铁路与港口信息互联互通，进一步明确多式联运电子运单的数据标准、交换规则及参与联运各方的职责范围等。率先在国内陆上公铁联运使用标准化单证，逐步推广到内水陆上多式联运，做好与空运、海运运单的衔接，实现陆海空多式联运运单的统一。（交通运输部、商务部、海关总署、国家铁路局、中国民航局、中国国家铁路集团按职责分工负责）

（2）探索赋予多式联运单证物权凭证功能。银行业监督管理机构会同交通运输管理部门、商务主管部门等单位，研究出台自贸试验区铁路运输单证融资政策文件，引导和鼓励自贸试验区内市场主体、铁路企业和银行创新陆路贸易融资方式，在风险可控的前提下，开展赋予铁路运输单证物权属性的有益实践探索。通过司法实践积累经验，发布典型案例，条件成熟时形成司法解释，为完善国内相关立法提供支撑，逐步探索铁路运输单证、联运单证实现物权凭证功能。积极研究相关国际规则的修改和制定，推动在国际规则层面解决铁路运单物权凭证问题。（最高人民法院、交通运输部、商务部、中国人民银行、海关总署、中国银行保险监督管理委员会、国家铁路局、中国国家铁路集团有限公司按职责分工负责）

2021年11月2日，交通运输部印发的《综合运输服务"十四五"发展规划》（交运发〔2021〕111号）中，提出积极推进多式联运"一单制"，加快应用集装箱多式联运电子化统一单证。

2021年12月25日，《国务院办公厅关于印发推进多式联运发展优化调整运输结构工作方案（2021—2025年）的通知》（国办发〔2021〕54号）中，明确提出深入推进多式联运"一单制"，探索应用集装箱多式联运运单，推动各类单证电子化。探索推进国际铁路联运运单、多式联运单证物权化，稳步扩大在"一带一路"运输贸易中的应用范围。

2023年8月21日，交通运输部、商务部、海关总署、国家金融监督管理总局、国家铁路局中国民用航空局、国家邮政局、中国国家铁路集团有限公司联合发布的《关于加快推进多式联运"一单制""一箱制"发展的意见》（交运发〔2023〕116号）中，对多式联运"一单制"发展进行了全面部署，进一步明确了发展思路和总体目标、推进路径和工作举措，为多式联运"一单制"发展提供了顶层设计和工作指引（参见附录1）。

2024年11月9日，交通运输部、国家发展改革委联合印发的《交通物流降本提质增效行动计划》（交运发〔2024〕135号）中，提出推动多式联运"一单制"新发展。研究制定多式联运管理制度和"一单制"技术标准，推进各方式间转运交接、货物交付、信息互联、保险理赔等规则衔接。研究建立多式联运运单管理制度，支持单证电子化应用，推动国际陆海联运、跨境铁路运输等领域的多式联运单证物权化。深入推进多式联运提质扩面，加快培育30家左右具有跨区域联通和全过程管控能力的多式联运企业。建立铁路货运全程时限保障机制，推行班列客车化开行、直达化服务。创新高铁快运、双层集装箱班列、多联快车等模式。打造20条左右铁水联运品牌线路案例。

2024年11月27日，中共中央办公厅、国务院办公厅印发的《有效降低全社会物流成本行动方案》中，提出培育多式联运经营主体，发展集装箱公铁、铁水联运，加快推进一单制、一箱制，推广带托盘运输等集装化运输模式，创新打造稳定运行、品牌化的多式联运产品。

2024年12月12日，中共中央办公厅、国务院办公厅印发的《关于加快建设统一开放的交通运输市场的意见》中，提出加快铁水、公铁、空陆等多式联运发展，推动"一单制"等规则协调和互认，加快培育多式联运经营主体。推动冷链、危险货物等专业化运输发展。

第二节 多式联运的内涵

目前，各方对多式联运"一单制"的概念尚未达成广泛共识，存在的差异主要体现在两个方面：①多式联运单证的数量方面，即是否全程必须使用"一张"单证，才能称为"一单制"，反之，如果超过"一张"单证，是否就不能称为"一单制"。②多式联运单证的类型方面，所谓的"一单"是指多式联运合同，还是多式联运运单、多式联运提单，抑或是其他单证。只有解决了以上主要问题，才能进一步谋划如何推进和落实"一单制"。

本书认为：①多式联运单证数量，主要取决于发展多式联运的本质目的及其构成要素，而不能机械地认定"一单制"就是凭借一张单证。②多式联运单证类型，主要取决于多式联运的场景，不能简单地判定只有某一种单证才符合要求。基于此，本节对各国多式联运的理解分析，对于推进多式联运目的和本质的理解有重要作用。

一 各国对多式联运的理解

多式联运（Multimodal Transport 或 Intermodal Transport）起源于 20 世纪 60 年代的美国。在发展初期，凡是经由两种及以上运输方式的联合运输均被称为多式联运。后来，随着技术的不断进步和发展形式的日趋多样，各国对于多式联运概念和内涵的界定也有所不同，但近年来，国际上逐渐呈现统一的趋势，即将 Multimodal Transport 和 Intermodal Transport 两个概念加以区别，前者被视为广义的多式联运，后者则被视为狭义的多式联运，且后者成为各国发展的重点。

1. 欧洲

2001 年，欧盟发布了《组合运输术语手册》（Terminology on Combined Transport），对相关概念作出了统一规范。从外延自大到小看，共涉及以下三个基本概念：

（1）联合运输（Multimodal Transport），泛指"以两种及以上运输方式完成的货物运输形式"。

（2）多式联运（Intermodal Transport），特指"货物全程由一种且不变的运载单元或道路车辆装载，通过两种及以上运输方式无缝接续，且在更换运输方式过程中不发生对货物本身操作的一种货物运输形式"。

（3）组合运输（Combined Transport），指多式联运（Intermodal Transport）中"全程仅使用一种标准化运载单元"，且干线运输采用铁路、水路、航空运输方式，最先和最后的接驳运输采用尽可能短距离公路运输的特定形式。其中标准化运载单元在欧盟国家有三种，即国际集装箱、可脱卸箱体（swap-body）、厢式半挂车（semi-trailer）。

上述三个基本概念中，联合运输包含了多式联运，多式联运又包含了组合运输；反过来，组合运输是多式联运的特定形式，多式联运则是联合运输的特定形式。

2. 美国

Multimodal Transport 和 Intermodal Transport，在美国运输统计局和运输研究委员会的专业术语词典中基本等同，但在美国许多研究报告中，前者更多泛指多种运输方式间的组合，而后者则侧重于针对标准化运载单元的多种运输方式间的快速转运，这与欧洲有关多式联运的概念界定趋向一致。尤其近年来，美国官方的表述越来越趋同于欧盟的术语规范。但 Multimodal 和 Intermodal 在承运责任方面仍存在差异，见表 1-1。

Multimodal 和 Intermodal 的区别　　　　　表 1-1

区别	Multimodal Transport	Intermodal Transport
单证数量	无论运输过程中包括多少个联运区段，托运人与多式联运经营人签订统一的一份运单证	与不同区段承运人分别签订合同，各区段承运人分别签发单证；每次换装中的其他单证
全程费率	需要接受全程固定费率	灵活决定每个区段的运输费率
运输责任	承运人对货物负责	托运人或委托代理人对货物负责
运载单元	涉及跨方式的多种运载单元	全程使用一种且不变的运载单元

3. 中国

中国习惯上对多式联运的理解是，以两种及以上运输方式协同完成的货物运输。2009 年 12 月，国家标准化委员会发布《多式联运服务质量要求》，强调"多式联运是通过一次托运、一次计费、一份单证、一次保险,将不同的单一运输方式有机地组合在一起,构成连续综合的一体化货物运输方式"。2017年4月,交通运输部发布《货物多式联运术语》(JT/T 1092—2016),以加强与国际现代多式联运接轨,强调"多式联运是货物由一种且不变的运载单元装载,相继以两种或多种运输方式连续运输,并且在快速转换运输方式的过程中,没有对货物本身进行操作的运输形式"。国家标准《物流术语》(GB/T 18354—2006)将多式联运定义为"联运经营者受托运人、收货人或旅客的委托,为委托人实现两种或两种以上运输方式的全程运输,以及提供相关运输物流辅助服务的活动",强调"一个承运人"承担"全程运输"责任,与欧美相关术语定义有角度上的不同。但在最新版《物流术语》(GB/T 18354—2021)中,其定义与《货物多式联运术语》(JT/T 1092—2016)保持了总体一致。

4. 国际组织

联合国及国际组织制定了《联合运输单证统一规则》《联合国国际货物多式联运公约》《国际商会多式联运单证规则》等条例,重点强调由联运经营人组织完成全程连续运输的多式联运,更接近于广义的多式联运。实际上,突出"由一个多式联运经营人一票到底、全程负责"的多式联运,主要用于以海运为基础的国际贸易运输,代表性的有《联合国国际货物多式联运公约》所指向的国际多式联运。我国《物流术语》(GB/T 18354—2006)中的多式联运定义,即较多借鉴了国际多式联运的内涵表述。

二 多式联运的本质

尽管各方对多式联运存在不同的术语定义,但在内涵的把握上,主要有以下三种观点。

1. 从运输视角看多式联运

从运输视角来看，多式联运包括广义的多式联运和狭义的多式联运。广义的多式联运，即凡是涉及两种及以上运输方式的联合运输统称为多式联运。广义的多式联运主要强调各种运输方式间的无缝衔接，代表性的有美国的《冰茶法案》和我国的《物流业发展中长期规划（2014—2020年）》所指向的多式联运。而狭义的多式联运，重点强调两种或多种运输方式在接续转运中，仅使用某一种标准化的运载单元或道路车辆，且全程运输中不对货物本身进行倒载。代表性的有欧盟所指向的多式联运。多式联运是一种运输组织方式，从运输角度看，有其必然性和合理性，特别是强调标准化运载单元、全程快速转运，对我国当下多式联运发展具有重要指导意义。

2. 从商贸视角看多式联运

从商贸视角来看，将多式联运合同、多式联运经营人作为本质特征，认为只要是多式联运经营人组织协调的运输，即为多式联运。强调多式联运经营人是第一位，突出多式联运全程由多式联运经营人来规划组织，而不管实际有没有采用两种及以上运输方式，主要体现在《联合国国际货物多式联运公约》中。商贸视角重点从促进商贸流通和发挥市场红利，保障多式联运经营活动的合法性、规范性角度，维护市场主体权利义务，营造公平、有序、高效的市场竞争环境。商务部门近年来重点推动的多式联运提单，即是从商贸的角度推动多式联运发展。

3. 从综合视角看多式联运

从综合视角来看，多式联运合同、多式联运经营人（其身份的取得需具备一定条件）、两种及以上运输方式可作为多式联运的本质特征，即采用两种及以上运输方式，由多式联运经营人对全程运输进行协调组织，承担全程运输责任的，称为多式联运。多式联运经营人可由货运代理人、第三方物流企业、无船承运人等充当。

国际、国内主要多式联运法律法规标准概念和定义比较见表 1-2。

国际、国内主要多式联运法律法规标准概念和定义比较　　表 1-2

名称	两种及以上方式	多式联运合同	多式联运经营人
联合运输单证统一规则	√	×	√
联合国国际货物多式联运公约	√	√	√
多式联运单证规则	×	√	√
中华人民共和国海商法	×	√	√
中华人民共和国民法典	×	×	√
货物多式联运术语	√	×	×

多式联运这种组织模式衍生出了众多的法律关系，主要涉及两层法律关系。第一层是多式联运合同，由货主与多式联运经营人签订，实现一次托运、一次付费；当事人主要是货主和多式联运经营人。第二层是运输合同，由多式联运经营人与各区段承运人签订；当事人主要是多式联运经营人和各区段承运人。多式联运经营人在第一层法律关系中，以承运人的身份出现；在第二层法律关系中，以托运人的身份出现，负责组织协调各区段间运输。

第三节　国内外法规条例相关规定

基于上述多式联运系统分析，多式联运涉及多式联运合同、多式联运经营人、多式联运单证等内容，本节对国内外法规条例中有关多式联运的概念进行了梳理。

一　《联合运输单证统一规则》

《联合运输单证统一规则》于 1973 年由国际商会（ICC）制定，后于

1975 年修订，其对相关概念界定如下：

（1）"联运"是指至少使用两种不同的运输方式，将货物从其在一国被掌管的地方，运到另一国指定交付的目的地的运输。

（2）"联运经营人"是指签发联运单证的人（包括任何法人、公司或法律实体）。如果该国的国内法规定，任何人在有权签发联运单证之前，须经授权或授予证照，则联运经营人只指这种经过授权或领照的人。

（3）"联运单证"是指证明从事货物联运工作和／或组织货物联运工作合同的一种单证。

（4）"不同的运输方式"是指使用两种或两种以上的运输方式，如海运、内河、航空、铁路或公路等。

二 《联合国国际货物多式联运公约》

《联合国国际货物多式联运公约》于 1980 年 5 月 24 日，在日内瓦召开的联合国贸易和发展会议全权代表会上被通过，其对相关概念界定如下：

（1）"国际多式联运"是指按照多式联运合同，以至少两种不同的运输方式，由多式联运经营人将货物，从一国境内接管地点运至另一国境内指定交付地点。为履行单一方式运输合同而进行的货物接交业务，不应视为国际多式联运。

（2）"多式联运合同"是指多式联运经营人凭收取运费、负责履行或实现履行国际多式联运的合同。

（3）"多式联运经营人"是指其本人或通过代其行事的他人订立多式联运合同的任何人，他是委托人［公约中使用的 principal 为法律用语，作名词使用时有"委托人，主犯，主要责任人（或义务人），财产主体，信托主体事务，（债务、投资或基金）本金，第一被告，主债务人，祖传动产（指家族相传的物件）"等含义（摘自《英汉法律用语大辞典》，法律出版社，宋雷主编）〕，而不是发货人的代理人，与参加多式联运的承运人的代理人或代表他们行事的代理人，承担履行合同的责任。

（4）"多式联运单证"是指证明多式联运合同和多式联运经营人接管货物并保证按照该合同条款交付货物的单证。

（5）"发货人"是指其本人，或以其名义，或其代表，同多式联运经营人订立多式联运合同的任何人，或指其本人，或以其名义，或其代表，将货物实际交给多式联运经营人的任何人。

（6）"收货人"是指有权提取货物的人。

三 《多式联运单证规则》

《多式联运单证规则》的全称为《1991年联合国贸易和发展会议／国际商会多式联运单证规则》，于1991年由联合国贸易和发展会议与国际商会在《联合运输单证统一规则》的基础上，参考《联合国国际货物多式联运公约》共同制定，其对相关概念界定如下：

（1）"多式联运合同"是指以至少通过两种不同的运输方式运送货物的合同。

（2）"多式联运经营人（MTO）"是指签订一项多式联运合同并以承运人身份承担完成此项合同责任的任何人。

（3）"多式联运单证"是指证明多式联运合同的单证，该单证可以在适用法律的允许下，以电子数据交换信息取代，而且能够以可转让方式签发，或表明记名收货人，以不可转让方式签发。

（4）"承运人"是指实际完成或承担完成此项运输或部分运输的人，不管他是否与多式联运经营人属于同一人。

（5）"托运人"是指与多式联运经营人签订多式联运合同的人。

（6）"收货人"是指有权从多式联运经营人处接收货物的人。

四 《中华人民共和国海商法》

《中华人民共和国海商法》(以下简称《海商法》)于1992年11月7日，由中华人民共和国第七届全国人民代表大会常务委员会第二十八次会议通过，其对相关概念界定如下：

（1）"多式联运合同"是指多式联运经营人以两种以上的不同运输方式，其中一种是海上运输方式，负责将货物从接收地运至目的地，交付收货人，并收取全程运费的合同。（第102条）

（2）"多式联运经营人"是指本人或者委托他人以本人名义与托运人订立多式联运合同的人。多式联运经营人负责履行或者组织履行多式联运合同，并对全程运输负责。多式联运经营人与参加多式联运的各区段承运人，可以就多式联运合同的各区段运输，另以合同形式约定相互之间的责任。但是，此项合同不得影响多式联运经营人对全程运输所承担的责任。（第104条）

五 《中华人民共和国民法典》

《中华人民共和国民法典》(以下简称《民法典》)于2020年5月28日，由中华人民共和国第十三届全国人民代表大会第三次会议通过，其对相关概念界定如下：

"多式联运经营人"负责履行或者组织履行多式联运合同，对全程运输享有承运人的权利，承担承运人的义务。

多式联运经营人可以与参加多式联运的各区段承运人，就多式联运合同的各区段运输约定相互之间的责任，但该约定不得影响多式联运经营人对全程运输所承担的义务。

多式联运经营人收到托运人交付的货物时，应当签发多式联运单证。

按照托运人的要求，多式联运单证可以是可转让单证，也可以是不可转让单证。

我国《民法典》并未直接对多式联运、多式联运合同、多式联运经营人等术语定义加以直接说明，而是在"运输合同"章节下设置了"多式联运合同"，对以上内容在运输中体现的责任、制度等进行了明确。其中使用了"多式联运经营人"术语，规定了多式联运经营人的法定权利和义务，确立了多式联运经营人在多式联运合同中的核心地位。《民法典》关于多式联运合同的规定参见附录2。我国《海商法》给出了多式联运合同和多式联运经营人的定义，主要内容与《民法典》基本一致。

综上所述，并结合我国多式联运发展实际，本书认为，多式联运不仅是一种运输组织形式，也是一种商贸服务形式，其本质包括以下四个方面：①货物运输全程快速交接转运；②使用标准化运载单元；③多式联运经营人负责全程运输组织并承担全程运输责任；④多式联运经营人为托运人签署一份多式联运单证，该单证须能规范多式联运经营人与托运人之间的权利义务。

第四节　多式联运单证类型和属性分析

多式联运涉及单证内容复杂，按照区域划分，包括国际多式联运单证和国内多式联运单证，按照单证类型划分，包括多式联运合同、多式联运运单、多式联运提单等。本节通过对多式联运单证类型的分析，进一步辨别多式联运"一单制"的性质。

一、国际多式联运单证

国际多式联运单证发展较为成熟，特别是以海运为主的多式联运，形成了完善的单证规则体系和法律体系。国际多式联运单证中，最具代表性的是国际集装箱多式联运提单。在国际集装箱多式联运单证体系下，包括运单、装箱单、场站收据、提单、设备交接单、交（收）货记录、报关单等一系列单证种类，见表1-3。

国际集装箱多式联运单证体系一览表　　　　　　表1-3

种类	流通单位	内容
运单	发货人、货运代理、运输公司	证明多式联运合同以及证明多式联运经营人接管集装箱货物，并负责按照合同条款交付货物的全程运输单证
装箱单	托运人、货运站、海关、船代理、装箱人、理货公司	记载箱内货物详细情况的唯一单证
场站收据	承运人、场站方	承运人委托集装箱堆场、集装箱货运站或内陆站在收到整箱货或拼箱货后签发的收据
提单	承运人	适用于集装箱港到港运输的提单，包括多式联运提单、海运提单
设备交接单	托运人、设备方	集装箱所有人或租用人委托集装箱装卸区、中转站或内陆站与货方交接集装箱及承运设备的凭证
交（收）货记录	托运人、收货人	承运人把货物交给收货人或其代理时，双方共同签署的用以证明货物已交付以及该批货物支付时情况的单证
报关单	海关	进出口货物海关申报单

● 国际集装箱多式联运

　　集装箱运输是以集装箱作为运输单位进行货物运输的一种先进的现代化运输形式。集装箱在海、陆、空运输中都可以使用，大大提高了装卸效率，有利于机械化操作。国际集装箱多式联运是指按照国际集装箱多式联运合同，以至少两种不同运输方式，由多式联运经营人将国际集装箱从一国境内接管地点运至另一国境内指定交付地点。集装箱出口单证流转流程如图1-1所示。

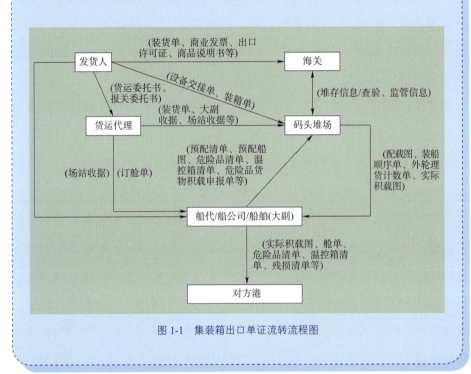

图1-1 集装箱出口单证流转流程图

国际多式联运单证是基于国际多式联运而签发的，本质上是一种新型运输单证。它借鉴和吸收了海运提单和运单各自独特的功能，集两者所长以适应国际货物多式联运的实际需要。具体而言，可转让的多式联运单证，类似于海运提单，具有物权凭证的性质，可以转让流通；不可转让的多式联运单证，则更接近于运单，不具有物权凭证的性质。随着国际货物多式联运的普及和迅猛发展，这种建立在提单和运单体制基础上的国际多式联运单证新体制，在国际运输中具有良好的市场需求和前景。

根据《海商法》和《国际集装箱多式联运管理规则》❶，国际多式联运单证是指证明多式联运合同以及证明多式联运经营人接管货物并负责按合同条款交付货物的单证，是国际集装箱多式联运经营人在接收集装箱货物时，由本人或其授权的人签发的多式联运单证。该单证包括双方确认的取代纸张单证的电子数据交换信息。国际多式联运单证不是多式联运合同，只是多式联运合同的证明，同时是多式联运经营人收到货物的收据和交货的凭证。在实践中，一般称为"国际多式联运提单"。《国际多式联运单证备案与查询规则》（GB/T 30058—2013）对多式联运单证的定位与《联合国国际货物多式联运公约》一致，为"证明多式联运合同以及证明多式联运经营人接管货物并负责按照合同条款交付货物的单证"，并在该定义下备注"本标准所指多式联运单证为多式联运提单"。

国际多式联运单证具有如下性质：①它是国际多式联运经营人接管货物的证据。国际多式联运经营人向托运人签发多式联运单证，表明已承担运送货物的责任并占有了货物。②它是收货人提取货物和国际多式联运经营人交货的凭证。③它是货物所有权的证明。国际多式联运单证持有人可以押汇、流通转让，因为国际多式联运单证是货物所有权的证明，具有货物所有权转移的法律效力。④它是国际多式联运经营人与托运人之间订立的国际多式联运合同的证明，是双方在运输合同中确定的权利和责任的准则。

1. 国际多式联运单证的内容

对于国际集装箱多式联运单证的记载内容，《联合国国际货物多式联运公约》以及我国的《国际集装箱多式联运管理规则》都作出了具体规定。根据我国《国际集装箱多式联运管理规则》的规定，多式联运单证应当载明下列事项：

---

❶《国际集装箱多式联运管理规则》于1997年10月1日施行，2016年6月1日废止。该规则虽然已经废止，但是其原则和要求亦为国际通行规则。

（1）货物名称、种类、件数、重量、尺寸、外表状况、包装形式；

（2）集装箱箱号、箱型、数量、封志号；

（3）危险货物、冷冻货物等特种货物应载明其特性、注意事项；

（4）多式联运经营人名称和主营业所；

（5）托运人名称；

（6）多式联运单证表明的收货人；

（7）接受货物的日期、地点；

（8）交付货物的地点和约定的日期；

（9）多式联运经营人或其授权人的签字及单证的签发日期、地点；

（10）交接方式，运费的支付，约定的运达期限，货物中转地点；

（11）在不违背我国有关法律、法规的前提下，双方同意列入的其他事项。

如缺少上述事项中的一项或数项，并不影响该单证作为多式联运单证的法律效力。

《联合国国际货物多式联运公约》对多式联运单证内容的规定，除上述内容外，还要求包括下列内容：

（1）表示该多式联运单证为可转让或不可转让的声明；

（2）如在签发多式联运单证时已经确知运输方案，需明确预期经过的路线、运输方式和转运地点等。

2. 国际多式联运单证的转让

多式联运单证分为可转让的和不可转让的。根据《联合国国际货物多式联运公约》的要求，多式联运单证的转让性应在其记载事项中有所规定。

可转让的多式联运单证，具有流通性，可以像提单一样在国际货物贸易中流通。《联合国国际货物多式联运公约》规定，多式联运单证以可转让方式签发时，应列明按指示或向持票人交付：如列明按指示交付，须经背书后转让；如列明向持票人交付，无须背书即可转让。此外，如签发一套一份以上的正本，应注明正本份数；如签发任何副本，每份副本均应注明"不可转让副本"字样。对于签发一套一份以上的可转让多式联运单证正本的情况，如多式联运经营人或其代表已按照其中一份正本交货，该多式联运经营人便已履行其交货责任。

不可转让的多式联运单证，则没有流通性。多式联运经营人凭单证上记载的收货人而向其交货。《联合国国际货物多式联运公约》规定，多式联运单证以不可转让的方式签发时，应指明记名的收货人。同时规定，多式联运经营人将货物交给此种单证所指明的记名收货人，或经收货人指定的其他人后（通常以书面正式），该多式联运经营人即已履行其交货责任。

对于多式联运单证的可转让性，我国的《国际集装箱多式联运管理规则》也有规定。根据该规则，多式联运单证的转让依照下列规定执行：

（1）记名单证，不得转让；

（2）指示单证，经过记名背书或者空白背书转让；

（3）不记名单证，无须背书，即可转让。

3. 国际多式联运单证的证据效力

多式联运单证的证据效力主要表现在：它是该单证所载明的货物由多式联运经营人接管的初步证据。由此可见，作为国际多式联运合同证明的多式联运单证，其记载事项与其证据效力是密切相关的，主要对以下几个方面起到证明作用：

（1）当事人本身的记载；

（2）有关货物状况的记载；

（3）有关运输情况的记载；

（4）有关法律约束方面的记载。

根据《联合国国际货物多式联运公约》的规定，多式联运经营人对多式联运单证中的有关记载事项可以作出保留，即如果多式联运经营人或其代表知道，或有合理的依据，怀疑多式联运单证所列货物的品种、主要标志、包数或件数、重量或数量等事项，没有准确地表明实际接管的货物的状况，或无适当方法进行核对，则应在多式联运单证上作出保留，注明不符之处、怀疑的依据，或无适当的核对方法。如果多式联运经营人或其代表，未在多式联运单证上对货物的外表状况加以批注，则应视为其已在多式联运单证上注明货物的外表状况良好。

多式联运经营人如在多式联运单证上对有关货物或运输方面加以批注，则该单证将丧失其作为货物收据的作用：对发货人来说，这种单证已不能作为多式联运经营人收到单证上所列货物的证明，不能成为初步证据；对收货人来说，这种单证已失去了其应有的意义，是不能被接受的。

如果多式联运单证上没有这种保留性批注，其记载事项的证据是完全有效力的，对发货人来说是初步证据，但多式联运经营人可举证予以推翻。同时，根据《联合国国际货物多式联运公约》的规定，如果多式联运单证是以可转让方式签发的，而且已转让给正当信赖该单证所载明的货物状况的、包括收货人在内的第三方时，则构成了最终证据，多式联运经营人提出的反证不予接受。

另外，《联合国国际货物多式联运公约》对一些经过协议达成的记载事项，如交货日期、运费支付方式等并未作出法律规定，这符合合同自由原则，但对由于违反此类记载事项带来的责任作出了规定：如果多式联运经营人意图诈骗，在多式联运单证上列入有关货物的不实资料，或未列入其他规定应载明的任何资料，则该多式联运经营人不得享有该公约规定的赔偿责任限额，而须负责赔偿包括收货人在内的第三方因信赖该多式联运单证所载明的货物状况行事而遭受的任何损失、损坏或费用。

4. 95多式联运提单

95多式联运提单（Multimodal Transport B/L95）是由波罗的海航运公会（BIMCO）的单证委员会，于1995年5月正式命名的单证名称。由于联运和多式联运并不相同，相比于集装箱联运提单（Combined Transport B/L），多式联运提单更多体现多式联运的特点。《联合国国际货物多式联运公约》第一次将多式联运与联运的不同之处以条款方式作出规定：多式联运是指全程运输至少使用两种或两种以上运输工具完成货物运输，而联运（即联程运输）则是指使用同一种运输工具完成货物的全程运输。因此，多式联运可满足集装箱综合一体化的"门到门"运输，而联运则不能满足这一要求。95多式联运提单的制定，不仅再次强调了货物全程运输应使用的运输工具，更为重要的是，统一并明确了集装箱多式联运下所允许使用的提单概念。

5. 国际铁路运单

国际铁路运单是国际铁路货物联运的单证，并非多式联运单证，但为进一步明晰国际多式联运单证内容，在此一并进行分析说明。

1951年11月1日，阿尔巴尼亚等8国部长参加会议，对国际铁路客货运输问题进行研究，并起草通过了《国际铁路货物联运协定》（以下简称《国际货协》），中国自1954年开始实行上述协定。1998年，包括中国在内的22个国家参加的部长级会议，通过了新的《国际货协》。

国际铁路货物联运单证中最重要的就是运单。运单是运输合同的证明。《国际货协》第8条第6项明确规定：运单在加盖戳记之后，即是运输合同的缔结凭证。运单共由92个项目组成，主要包括以下内容：

（1）发货人的名称、地址和特别声明；

（2）合同号码；

（3）发站名称；

（4）收货人姓名和地址；

（5）通过的国境站；

（6）到达路线和到站名称；

（7）货物的描述，包括名称、记号、标记、号码、重量、包裹件数和包装种类；

（8）办理种别和由何方装车；

（9）车辆情况，包括种类、标重、自重、轴数及换装后的货物重量；

（10）海关记载、发货人添附的文件和对铁路无约束力的记载；

（11）发站和到站日期戳，过磅站戳记签字；

（12）运费的计算和运价的收取。

国际铁路运单的功能包括：

（1）适用法律的合同资格。《国际货协》第7条第5项规定，从发站接受运单承运货物时起，即认为运输合同业已缔结；第2条第1项规定，协定强制适用于参加国按照国际货协运单第3条第2项所载明的各站间运送的一切国际铁路直通的货物运输，且对铁路方、发货人和收货人都有约束效力。

（2）运输合同的存在和内容的证明。国际铁路货物联运合同的非要式和诺成性是运单具有合同证明功能的必要前提。运单的签发必然晚于或同时于运输合同的订立，运单的发行是以运输合同的存在为前提的。运单不单记载有关运送货物本身的事项，而且是涉及铁路方、发货人和收货人三方当事人，体现他们之间货物运输合同关系的"范本合同"。

（3）运送货物的收据。运单是货物的收据，强调了当发生错误交付或损害请求时，运单对货物利益方和铁路方在证据之争中所起的作用。因为运单是在承运人装运或接管货物的同时或之后，由发货人签发的，所以运单内有关运送货物记载事项具有证据效力。

虽然依据《国际货协》，铁路运单仅具有债权凭证的效力，而不具有物权凭证的效力，但是在国际贸易和国际运输的实务中，运单的第三联即运单副本，仍然可以根据银行L/C（信用证）业务处理的国际惯例UCP500进行交单议付。从这个意义上讲，铁路运单在国际贸易中应该已经具备了物权凭证的效力。因此，有人建议由铁路部门作为承运人签发L/C下可以直接交单议付的运转单证，此单证仅作为承运证明交给发货人专做L/C交单议付之用，而运输中的一切法律关系仍以运单的记载为准。由于《国际货协》的规定都是从运输的角度制定的，并没有考虑到国际贸易的需要，因此，在国际贸易实务中，国际货协运单存在文本文字与UCP500要求不一致、分批装运规定过于僵硬、承运人和货物装运的明示有待改进、运单的签署者模糊以及运费显示不合要求等若干问题，在一定程度上给国际贸易带来了不便。

6. 各种运输方式运单与提单

在国际运输中，按照运输方式划分，还包括国际海运提单、国际铁路货物联运运单、国际航空货运单。

（1）国际海运提单。是承运人（船公司）收到货物后出具的货物收据，也是承运人所签署的运输契约的证明，提单还代表所载货物的所有权，是一种具有物权特性的凭证。接收货物的收据，运输契约的证明和货物所有权的凭证，是海运提单的三大作用，海运提单具有流通性，具备一定条件时可以转让。

（2）国际铁路货物联运运单。国际的铁路货物运输受制于《国际铁路货物运输公约》，铁路货物运输使用的单证为运单。发货人在进行货物托运时，应填写运单和其副本，并应对运单中申报、填写的内容正确性负责。如由于所记载的内容不清楚、不完整，以及由于未填写应申报、记载的内容而发生的一切后果，均由发货人自负。当发货人在运单上签字向始发站提出，并经始发站接受，业已认为运输合同已订立。运单随同货物从始发站运至终点站，最后交收货人。运单不是物权凭证，不能转让。

（3）国际航空货运单。1929年的《统一国际航空运输某些规则的公约》（华沙公约）将该运输方式下使用的单证称空运托运单，按该公约的规定，承运人有权要求托运人填写空运托运单，而承运人则应接受托运人填写的空运托运单。该托运单是订立运输合同、接受货物运输的凭证。1955年议定书修改的《统一提单的若干法律规定的国际公约》（海牙规则）将空运托运单改为空运单，并在单证所记载的内容方面有删减。由货物托运人填写的空运单有3份正本，并与货物一起提交承运人。第1份应注明"交承运人"，由托运人签字；第2份注明"交收货人"，由托运人签字后随同货物运送；第3份在货物接受承运后由承运人签字，交由托运人留底。与多式联运提单不同，在实际业务中，空运单一般都注有"不可转让"的字样，货物运抵目的地后，收货人凭承运人的到货通知及有关证明提货，并在提货时在随货运到的空运单上签收，而不要求收货人凭空运单提取货物。

具体来看，各方式单证性质也存在明显差异，具体如下：

（1）航空运单（Airway Bill，AWB）和铁路运单（Railway Bill，RWB)，都是托运人（shipper）和承运人（carrier）之间订立的货物运输合同，同时也是货物运输的凭证（收据）。

（2）航空运单和铁路运单，都具有"运输契约"和"货物收据"的特征。"运输契约"是托运人和承运人之间订立的货物运输合同；"货物收据"是承运人收到托运人的货物并进行运输的收据（凭证）。

（3）航空运单和铁路运单均为运单，而非提单。提单是海运特有的，具有"物权凭证"功能。"货物收据"和"运输契约"是航空运单、铁路运单和海运提单都具有的。由此可知，是否具备物权凭证，是否可以转让，是"运单"（空运和铁运）和"提单"（海运）的本质区别。也就是说，"运单"和"提单"的性质是不一样的。

（4）海运单证不仅只有提单（B/L），还有海运运单（Seaway Bill, SWB）。海运运单是证明货物由承运人接管或装船（货物收据功能）和承运人保证把货物交付给单证所载明的收货人的一种不可流通的运输单证，同时也是海上运输合同的证明。

海运运单与海运提单在性质上有根本区别：两者都具有"货物收据"和"运输契约"的功能，但海运运单不具备"物权凭证"，不能转让。

二、我国多式联运单证

1. 国内集装箱多式联运单证

2019年，交通运输部发布了《国内集装箱多式联运运单》（JT/T 1244—2019），其中国内集装箱多式联运运单样式参见附录3。该标准规定了国内集装箱多式联运运单的性质和组成，以及运单的格式和使用。国内集装箱多式联运运单是多式联运经营人与托运人、各区段的承运人开展集装箱多式联运的合同凭证或组成部分，记载集装箱货物信息、多式联运参与方信息及各区段的承运人承运信息。

该标准规定，集装箱多式联运运单宜采用一式四联，即由托运人留存联、多式联运经营人留存联、集装箱多式联运流转联、收货人留存联组成（含国内集装箱多式联运货物清单）。

（1）托运人留存联：托运人与多式联运经营人订立集装箱多式联运合同的证明；多式联运经营人接收集装箱货物的证明。

（2）多式联运经营人留存联：多式联运经营人与托运人订立集装箱多式联运合同的证明；多式联运经营人确认收货人收到货物的证明。

（3）集装箱多式联运流转联：跟随并记载集装箱全程运输的事实和货物交付凭证。

（4）收货人留存联：收货人收到货物的证明。

当区段承运人每超出3人时，多式联运经营人可增加1张收货人留存联。

同时，该标准规定了运单的使用流程：

（1）托运人委托多式联运经营人运输集装箱货物，由多式联运经营人填制集装箱多式联运运单，经托运人、多式联运经营人确认信息无误后，双方应签字盖章。托运人留存联交给托运人留存，多式联运经营人留存联由多式联运经营人留存。

（2）多式联运经营人可委托区段承运人运输集装箱货物。

（3）区段的承运人承运多式联运集装箱货物时，应填写相关区段运单号（或合同号）、实际承运的运输方式、接收和交付集装箱货物的地点和时间，承运人在收货人留存联上加盖区段签章。

（4）集装箱多式联运流转联、收货人留存联应随集装箱货物从起运地流转至目的地。

（5）目的地的承运人交付货物时，应将收货人留存联交给收货人。

（6）集装箱多式联运流转联在收货人签字后，应返至多式联运经营人。

但从实际应用情况看，目前应用该单证的企业较少，究其原因主要包括以下四个方面：

（1）由于我国正处于多式联运发展初期，多式联运经营人培育和发展不足，缺少全程组织运输、承担全程责任的企业，市场基础和企业能力均较为薄弱。

（2）多式联运主要由铁路和水路为骨干，特别是铁路领域，将铁路纳入非铁路牵头的多式联运体系或多式联运单证体系下，企业难以进行有效协调。

（3）目前各企业、各行业均存在成熟的、惯用的单证体系，重新应用一套全新的单证体系，意味着要废弃当前单证、改革业务流程、重建信息系统，而更换一套单证系统的难度不亚于新建一个物流园区，企业缺乏足够动力。

（4）不同运输方式在票据明细品类、运价计费规则、货类代码、包装与装载方面均有各自不同的要求和标准，往往会造成单证信息传递障碍，导致多式联运场景的业务流程无法直接打通；不同运输方式间信息传递大多靠人工切换，效率较低，难以实现多式联运"一单制"。

2. 不同运输方式单证

除国内集装箱多式联运运单外，不同运输方式也有自身的单证体系，相互间差异明显。我国不同运输方式单证（相关单证及要求见附录4~10）普遍存在四个方面的共性信息，即基本名称信息、技术装备信息、货物明细信息、交付管理信息（表1-4）。但不同运输方式的单证也存在诸多不同点：

（1）装备类型不同，如专用线和车种车号，航空为航班，海运为船名和航次等；

不同运输方式单证对比表　　　　　　　表1-4

类型	铁路运单	公路运单	海运提单	航空运单
基本名称信息	（1）发站、到站； （2）托运人、收货人、经办人； （3）地址、邮箱、电话； （4）运单号、货票号	（1）托运人、收货人； （2）电话、单位、地址； （3）运单号	（1）托运人、收货人、被通知人； （2）地址、电话； （3）装运港、卸货港； （4）提单号码； （5）提单签发地点与日期、签发份数	（1）始发站、目的站； （2）托运人、收货人、地址、电话； （4）运单号
装备技术信息	（1）铁路专用线名称、代码、车种车号； （2）集装箱箱号、封号		（1）船名； （2）航次	航班/日期
货物明细信息	（1）选择服务； （2）货位、号码； （3）货物名称； （4）件数； （5）包装； （6）货物价格； （7）托运人填报重量； （8）承运人确定重量	（1）货物名称； （2）件数； （3）包装； （4）重量； （5）保费； （6）运费； （7）合计费用； （8）结算方式； （9）备注	（1）唛头； （2）包装与件数； （3）货物名称； （4）毛重； （5）体积； （6）集装箱数； （7）运费与附加费； （8）计费重量； （9）费率； （10）预付款、预付地点； （11）到付款、到付地点	（1）运输声明价值； （2）运输保险价值； （3）注意事项； （4）件数； （5）重量； （6）运价种类； （7）商品种类； （8）计费重量； （9）货物品名
交付信息管理	（1）交接日期； （2）运到期限； （3）托运人签字； （4）发站承运日期； （5）承运货运员签字； （6）到付交站日期； （7）交付货运员签字	托运人签字	（1）承运人或代理人签字； （2）交货地点	（1）托运人签字、日期； （2）经办人事项

（2）起讫点名称信息不同，如铁路为到站和发站，海运为装货港和卸货港等；

（3）明细类型不同，如铁路、海运均体现保险费用等；

（4）取费标准不同，如可分为按箱取费、按吨取费等；

（5）取费流程不同，如铁路、航空为前取费，公路、水运为后取费。

不同运输方式单证标准和业务流程的差异，导致在多式联运过程中，单证在不同运输方式间的流转无法实现无缝衔接。

实际上，我国在20世纪80~90年代就提出要统一公路运输单证，之后又提出物流"一单制"，但在推进过程中都存在较大难度，实施效果不理想。统一单一运输方式的单证尚且如此，更何况统一不同运输方式的单证，其中原因令人深思。通过对国际多式联运单证和国内多式联运单证的研究实践和发展演变的分析，本书认为：单一运输方式单证或多式联运单证，仅宜规定单证中必要事项，并通过法律法规予以保护，至于单证形式则不宜限定，而由企业自身确定个性化单证格式和附加内容，即单证必要内容和权利义务由政府推动、法定规范、单证格式和个性条款由市场推动、企业自定。

三、多式联运单证的性质

结合对国际多式联运单证和国内多式联运单证的分析，可以看到，多式联运单证主要为多式联运合同、多式联运运单和多式联运提单三种，而多式联运合同作为托运人与承运人等主体间设立、变更、中止民事法律关系的协议，实际并不能作为单证。

1. 多式联运合同

按照《民法典》对"多式联运合同"的规定，多式联运经营人负责履行或者组织履行多式联运合同，对全程运输享有承运人的权利，承担承运人的义务。多式联运经营人可以与参加多式联运的各区段承运人，就多式联运合同的各区段运输约定相互之间的责任；但是，该约定不得影响多式联运经营人对全程运输承担的义务。多式联运经营人收到托运人交付的货物时，应当签发多式联运单证。按照托运人的要求，多式联运单证可以是可转让单证，也可以是不可转让单证。另外，因托运人托运货物时的过错造成多式联运经营人损失的，即使托运人已经转让多式联运单证，托运人仍然应当承担赔偿责任。货物的毁损、灭失发生于多式联运的某一运输区段的，多式联运经营人的赔偿责任和责任限额，适用调整该区段运输方式的有关法律规定；货物的毁损、灭失发生的运输区段不能确定的，依照《民法典》第三编第十九章"运输合同"的规定承担赔偿责任。

《海商法》规定，多式联运合同是指多式联运经营人以两种以上的不同运输方式，其中一种是海上运输方式，负责将货物从接收地运至目的地，交付收货人，并收取全程运费的合同。所称多式联运经营人，是指本人或者委托他人以本人名义与托运人订立多式联运合同的人。多式联运经营人对多式联运货物的责任期，自接收货物时起至交付货物时止。多式联运经营人负责履行或者组织履行多式联运合同，并对全程运输负责。多式联运经营人与参加多式联运的各区段承运人，可以就多式联运合同的各区段运输，另以合同形式约定相互之间的责任。但是，此项合同不得影响多式联运经营人对全程运输所承担的责任。另外，货物的灭失或者损坏发生于多式联运的某一运输区段的，多式联运经营人的赔偿责任和责任限额，适用调整该区段运输方式的有关法律规定；货物的灭失或者损坏发生的运输区段不能确定的，多式联运经营人应当依照关于承运人赔偿责任和责任限额的规定承担赔偿责任。

根据《民法典》《海商法》的规定，可以看到：多式联运必须包括两种及以上运输方式；多式联运合同并非多式联运单证；多式联运单证可以是可转让单证，也可以是不可转让单证；多式联运经营人负责履行或组织履行多式联运合同，并对全程享有权利和承担义务。

2. 多式联运运单

《国际铁路货物运送公约》（以下简称《国际货约》）第 11 条第 3

款规定："加盖戳记后的运单应为运输合同的证明。"《国际货协》第8条第6款规定："运单在加盖戳记之后，即是运输合同的缔结凭证。"

《铁路货物运输合同实施细则》（1986年11月8日由国务院批准，1986年12月1日由铁道部发布，根据2011年1月8日《国务院关于废止和修改部分行政法规的决定》修订，根据2022年3月29日《国务院关于修改和废止部分行政法规的决定》废止❶）第3条规定："托运人利用铁路运输货物，应与承运人签订货物运输合同。"第4条第2款规定："零担货物和集装箱货物运输，以货物运单作为运输合同。"第5条规定："零担货物和集装箱货物的运输合同，以承运人在托运人提出的货物运单上加盖车站日期戳后，合同即告成立。"原中国铁路总公司在2017年12月1日发布的新版铁路运单，被定义为铁路货物运输合同或运输合同的组成部分。

《水路货物运输合同实施细则》（1986年11月8日由国务院批准，1986年12月1日由交通部发布，根据2011年1月8日《国务院关于废止和修改部分行政法规的决定》修订）第3条、第4条和第5条规定，大宗物资，可按月签订货物运输合同或以运单作为运输合同……在实际办理货物承托运手续时，托运人还应向承运人按批提出货物运单，作为运输合同的组成部分……零星货物运输，以货物运单作为运输合同。具体比较见表1-5。

运单的属性　　　　　　　　　　　　　　　　　　　　　表1-5

法律凭证	运输方式						
	铁路	公路	水路	民航	国际货协	国际货约	国际公路货物运输
运输合同	√	√	√				√
运输合同的凭证	√	√	√	√	√	√	

❶ 该细则虽然已经废止，但是其原则和要求亦为国际通行规则。

可以看到，不同情况下不同运输方式运单具有特定的性质，但不外乎作为一种法律凭证（运输合同或运输合同的凭证），表现为一种承托关系。

3. 多式联运提单

《海商法》所指的多式联运单证（运输单证），即多式联运提单（提单）。"第四节 运输单证。第七十一条 提单，是指用以证明海上货物运输合同和货物已经由承运人接收或者装船，以及承运人保证据以交付货物的单证。提单中载明的向记名人交付货物，或者按照指示人的指示交付货物，或者向提单持有人交付货物的条款，构成承运人据以交付货物的保证。第七十二条 货物由承运人接收或者装船后，应托运人的要求，承运人应当签发提单。提单可以由承运人授权的人签发。提单由载货船舶的船长签发的，视为代表承运人签发。"

多式联运提单一般用于国际运输，《海商法》明确表明，多式联运单证就是多式联运提单。多式联运提单的作用包括：

（1）是多式联运合同的证明；

（2）是多式联运经营人收到货物的收据和凭其交货的凭证；

（3）是物权凭证，可以转让买卖。

因此，作为多式联运单证的两种主要形式，多式联运运单与多式联运提单不同之处见表1-6。

多式联运运单与多式联运提单的不同之处　　　　表1-6

不同之处	多式联运运单	多式联运提单
交货方面	收货人在目的地提取货时，无须提交运单即可提取货物，不但可节省仓储费和其他有关费用，也无须与银行洽商出具保函或保证金	收货人在目的港提取货物之前，必须出具正本提单，如正本提单未到或遗失，则只得求助于银行，由银行提供保证金或担保，方可提取货物

续上表

不同之处	多式联运运单	多式联运提单
风险方面	由于运单不是物权凭证,也不可转让,因此,如遗失,或被第三者得到,对收货人不存在风险	由于提单不仅可转让,且是物权凭证,因此,如遗失或被第三方得到,对正当的收货人则有一定的风险
合同性质方面	当货物托运人与承运人在运单上签字后,在很大程度上可以认为是双方订立运输合同	虽然承运人在收到货物后即签发提单给货物托运人,但它只能作为运输合同的证明
收货人标记方面	习惯上,运单必须详尽记载收货人的名称、地址,除注明的收货人外,他人不得提货。当然,如收货人另有指示,他人也可提货	除记名提单外,则不必记明具体收货人名称
流通性方面	运单不是物权凭证,因而不能转让买卖	提单作为有价证券,可通过背书或无须背书转让买卖

在实际运作和法律关系方面,多式联运提单与各单一运输方式单证也存在明显不同,见表1-7。

多式联运提单与各单一运输方式单证的主要区别　　表1-7

运输单证	铁路运单	公路运单	航空运单	海运提单	多式联运提单
运输方式	铁路	公路	航空	海运	两种及以上
接收货物收据	是	是	是	是	是
运输合同	是	是	是	不是	不是
交付凭证	不是	是	不是	是	是
物权凭证	不是	不是	不是	是	是
可转让性	不可转让	不可转让	不可转让	可转让	可转让
货物风险	无	无	无	有	有
责任边界	站—站	接收—交付	港—港	港—港	接收—交付

第五节　多式联运"一单制"的概念及内涵

一　多式联运"一单制"的概念

多式联运"一单制"是我国结合发展实践，提出的全新概念和价值导向，且随着多式联运实践的深入，其概念和内涵也在不断发生变化。国际法规标准没有类似的概念。本部分结合前文研究分析情况，对多式联运"一单制"基础理论进行分析。

从国际相关定义看，《联合国国际货物多式联运公约》规定，多式联运单证是证明多式联运合同以及证明多式联运经营人接管货物并负责按照合同条款交付货物的单证。《海牙规则》规定，多式联运提单是指由多式联运经营人以两种以上的不同运输方式，其中一种是海上运输方式，将货物从接收地运至目的地并收取全程运费的提单。可以认为，国际多式联运是签订一个合同、货物全程一次托运、一份货运单证、统一收费、由多式联运经营人负责到底的货运方式。多式联运单证，是国际货物多式联运合同，以及多式联运经营人接管货物并负责按照合同条款交付货物的证明。

从国内相关定义看，2016年，交通运输部发布的《货物多式联运术语》（JT/T 1092—2016），对多式联运"一单制"概念作出了统一规范，即多式联运"一单制"是指在货物多式联运的全过程中，只凭一份多式联运运单办理所有货物运输手续的制度。2016年12月，《交通运输部等十八个部门关于进一步鼓励开展多式联运工作的通知》（交运发〔2016〕232号），强调"培育多式联运经营企业，引导企业建立全程'一次委托'、运单'一单到底'、结算'一次收取'的服务方式，支持企业应用电子运单、网上结算等互联网服务新模式"。2023年8月，交通运输部 商务部 海关总署 国家金融监督管理总局 国家铁路局 中国民用航空局 国家邮政局 中国国家铁路集团有限公司联合发布的《关于加快推进多式联运"一单制""一箱制"发展的意见》（交运发〔2023〕116号），强调托运人一次委托、费用一次结算、货物一次保险、多式联运经营人全程负责的"一单制"服务模式加快推广。

综上所述，多式联运"一单制"的本质是一份单证、一种服务模式、一套规则体系，具体分析如下。

（1）多式联运"一单制"是一份单证。从国际、国内关于多式联运及其单证的定义规范来看，凭借一份多式联运单证就可完成全程多式联运服务，且这个单证可以作为合同或合同的证明，是多式联运经营人收到货物的收据和交货的凭证，可以是可转让单证也可以是不可转让单证。即：多式联运"一单制"中的"一单"，是指一份单证，而不是多份单证；是多式联运运单或提单，而不是多式联运合同或其他；全程仅凭借这一份多式联运单证就可承载合同（或合同证明）、收交货凭证等功能。另外，关于这份单证之下，是否还附着其他单证，如分段运单、装卸单等，则不作规定，因为这些并不影响这一份多式联运单证的效能。

（2）多式联运"一单制"是一种服务模式。多式联运"一单制"是体现多式联运一体化运输服务的直接载体，反映了"一次委托、一口保价、一单到底、一次保险、一票结算、全程负责"一站式服务模式的价值取向和服务模式创新；要求企业在业务流程、组织模式、交易规则、信息服务、保险金融等方面作出全方位变革，是现代高效多式联运服务模式的体现。这是从引导市场发展和培育多式联运经营人角度的理解。

（3）多式联运"一单制"是一套规则体系。任何一份单证的背后，都有相应的法律法规进行规范。多式联运"一单制"的推进实施，同样需要一整套制度安排予以保障，需要对各种运输方式原有服务模式进行协调，对多式联运经营人进行规范，对发展环境（如信息、标准、服务规则）进行不断完善，对多式联运提单金融属性和法律保障的问题进行明确。这是从营造市场环境和完善法规制度保障角度的理解。

因此，结合交通运输部等部门推进导向、现有标准规范和本文研究分析，本书认为，多式联运"一单制"是"凭一份多式联运单证，在多式联运的全过程中，实现托运人一次委托、费用一次结算、货物一次保险、货物全程负责的服务模式和组织机制"。

二 多式联运"一单制"的内涵

根据前文分析和多式联运"一单制"的定义，多式联运"一单制"的内涵，包括以下五个方面：

（1）全程"一次委托"。托运人只与多式联运经营人签订一份多式联运合同，即可完成"从起点到终点"的货物全程运输委托。

（2）运单"一单到底"。由多式联运经营人签发的多式联运单证，可以在不同运输方式间流转，货物运输全程中托运人不需要重复填单。

（3）结算"一次收取"。多式联运经营人根据多式联运合同约定向托运人收取全程所发生的全部费用，托运人不需要向不同运输方式、不同运输区段分别付费。

（4）保险"统一理赔"。托运人一次性缴纳全程保险费用，即可对货物在多式联运全过程中承担的风险进行保险，由多式联运经营人对受害人进行统一赔付，并可以向发生货损的区段承运人追偿。

（5）货物"全程负责"。多式联运经营人承担从接收货物到交付客户手中的全过程责任。在货物运输过程中，多式联运经营人通过先进信息技术手段对货物进行动态监测和信息追溯。

三 多式联运"一单制"的组织要素

多式联运"一单制"是多式联运高水平发展阶段的承载形式的集中体现，是一项系统工程，需要以下生产要素支撑其运作：

（1）多式联运经营人。多式联运经营人是多式联运全程的组织者和责任承担者，是"一单制"服务的主体。从国际多式联运发展看，多式联运经营人可以是实际提供运输的承运人，也可以是以承运人身份安排其他人提供全程运输或部分运输的完成此项合同责任的人，其使用多式联运单证为客户提供全程服务。

（2）多式联运单证。多式联运单证是推行"一单制"的关键载体和表现形式，是多式联运合同和货物由承运人接管的证明，也是记录货物原始信息及服务的约定。多式联运单证涵盖了货物品类、规格、数量、状态、收发货人、起讫地、货物交接等关键信息，可以在不同运输方式间流转，记录全程各段承运人货运任务和交接记录。这个单证可以是运单，也可以是提单。

（3）多式联运服务规则。多式联运服务规则是货物运输组织与管理、定价机制和业务流程、服务内容与服务方式等方面的协议、标准或规范，涉及不同运输方式在货类品名、危险品划分、包装与装载要求、安全管理、保险理赔、责任识别等方面的衔接统一。多式联运服务规则是保障多式联运"一单制"服务模式在不同运输方式间有机衔接、快速转运、高效流转的基础支撑。

（4）多式联运信息互联。多式联运信息互联是现代多式联运发展的必然要求，是多式联运单证及其承载的信息在不同运输方式间快速流转的基础保障，是破解当前各方式单证体系障碍、适应电子单证发展趋势的必由之路。一方面，可以通过建设多式联运各类公共信息资源和共享服务的信息平台，实现不同运输方式数据信息交换共享，以实现对货物的全程监测和实时跟踪；一旦发生货物灭失、损坏或延迟交付，可通过信息平台进行追溯处理和责任识别。另一方面，也可以通过上下游企业间信息直接互联的形式，实现单证数据信息的流转。通过信息平台互联，全社会物流成本节约和"一单制"实施效率要比企业间直接互联、逐个推进高很多。

（5）多式联运法规制度。多式联运法规制度是推行"一单制"的必要保障，也是确立多式联运经营人和多式联运单证法律地位、权责关系以及运单内容和背面条款、参与人的权利和义务、经营人的赔偿责任及期限、定价机制和违约处理、运输单证的内容和法律效力的依据。目前，我国多式联运领域主要适用于《民法典》和《海商法》，但在铁路、公路、内河水运、航空等单一运输领域仍仅适用本运输方式规定，且各种运输方式在多式联运全程运输责任划分等规定上尚不健全，还处在无所适从的状态。

CHAPTER 2 第二章

多式联运"一单制"发展现状与问题

多式联运"一单制"自提出后，逐步成为物流业的发展重点。各相关部门和地方政府基于多式联运"一单制"的发展开展了相关工作。本章对国家、部门、地方三个层面的推进情况进行系统梳理，并提出发展"一单制"存在的诸如行业认知尚不统一、发展处于初级阶段、法律法规尚不健全等问题。

第一节 国家层面推进情况

近年来，在交通运输部等有关部门的共同努力下，多式联运上升为推动我国物流业发展的重大战略，推行多式联运"一单制"逐步受到市场关注。多式联运"一单制"是提升多式联运效率、降低物流成本、促进物流业健康发展的重要抓手。为推进多式联运"一单制"发展，交通运输部、商务部、国家发展改革委等部门开展了大量的基础性工作。

1. 持续加强顶层设计

《交通运输部等十八个部门关于进一步鼓励开展多式联运工作的通知》（交运发〔2016〕232号），提出：引导企业建立全程"一次委托"、运单"一单到底"、结算"一次收取"的服务方式，支持企业应用电子运单、网上结算等互联网服务新模式。《国务院关于支持自由贸易试验区深化改革创新若干措施的通知》（国发〔2018〕38号），提出：支持有条件的自贸试验区研究和探索赋予国际铁路运单物权凭证功能，将铁路运单作为信用证议付票据，提高国际铁路货运联运水平。《国务院印发关于推进自由贸易试验区贸易投资便利化改革创新若干措施的通知》（国发〔2021〕12号）对多式联运"一单制"作出了详细部署。《国家发展改革委 交通运输部关于印发〈国家物流枢纽布局和建设规划〉的通知》（发改经贸〔2018

1886号），提出：推广多式联运"一单制"。拓展统一单证的金融、贸易、信用等功能，扩大单证应用范围，强化与国际多式联运规划对接，推动"一单制"物流加快发展。在当前，交通运输部牵头制定的《推进多式联运发展优化调整运输结构（2021—2025年）》中，对多式联运"一单制"进一步明确了工作要求。

2. 不断完善标准体系

交通运输部相继发布了《多式联运术语》（JT/T 1092—2016）、《多式联运货物分类及代码》（JT/T 1110—2017）、《国内集装箱多式联运运单》（JT/T 1244—2019）、《国内集装箱多式联运电子运单》（JT/T 1245—2019）等系列标准，统一了多式联运术语和多式联运货物类别及代码，为打通货物在不同运输方式间的运单填报建立了技术基础。同时，从标准化程度较高的集装箱领域入手，建立了标准化的多式联运运单格式、填报要求及背面条款，为市场主体试行"一单制"创造了较好的基础条件。商务部推动发布了《国际货运代理多式联运提单》（SB/T 10800—2012），规范了国际货运代理多式联运提单的正面内容、背面条款及其数据项。

3. 逐步深化应用研究

交通运输部组织开展《多式联运产业链大调研》《多式联运产业技术政策研究》等系列研究课题，结合多式联运示范工程建设，深入研究总结多式联运"一单制"关键问题和推进路径。商务部会同最高人民法院、交通运输部、国家铁路局、中国国家铁路集团有限公司等部门推动建立铁路运单物权凭证工作机制，统筹推进铁路运单物权化工作。商务部组织中国国际货运代理协会（CIFA）等单位开展多式联运单证规则研究，并参照海运提单设计了多式联运提单、铁路提单等单证，研究制定了中国国际货运代理协会国际多式联运提单。

4. 组织开展试点示范

2015年以来，交通运输部会同国家发展改革委组织开展了三批多式联运示范工程，70个项目被评为国家多式联运示范工程。以示范工程建设为载体，示范企业纷纷探索多式联运"一单制"服务，福建、重庆、成都、郑州、广西北部湾经济区等地结合业务实际需要，对多式联运"一单制"进行初步探索，积累了积极经验。在目前正在开展的第四批多式联运示范工程建设中，交通运输部进一步明确将多式联运"一单制"作为优先支持方向，鼓励企业推动不同运输方式票据单证格式、信息交换标准、货物交接服务规范、安全管理制度等有效衔接，实现不同运输方式间货物、运输信息开放共享，开展"一次委托、一次结算、一单到底"服务，并要求申报企业承诺纳入示范工程创建项目后应用《国内集装箱多式联运运单》（JT/T 1244—2019）和《国内集装箱多式联运电子运单》（JT/T 1245—2019）。

5. 加快建设信息平台

"十三五"期间，交通运输部会同中国国家铁路集团有限公司积极推进全国多式联运公共信息平台建设，以率先实现沿海及长江干线主要港口与铁路信息互联互通为目标，充分调研与需求分析，梳理形成了港口与铁路的数据交换流程与清单，完成了项目建议书批复和工可专家审核，为多式联运运单电子化建立了技术基础。同时，依托多式联运示范工程等载体，积极推进企业间信息互联共享，特别是推进港口、铁路企业之间铁水联运信息互联，并将其作为多式联运示范工程优先支持方向和验收工作重要考核事项。面向"十四五"，交通运输部提出要进一步加快全国多式联运公共信息互联互通，推动铁路、公路、水路、航空以及海关、市场监管等信息交互共享。中国国家铁路集团有限公司提出要打造铁路货运综合服务平台，扩大在线受理、电子运单、电子支付、跟踪查询等"一站式"服务功能，探索推进集装箱多式联运运单及电子运单标准应用，促进铁路与其他交通方式标准互通、信息共享，培育多式联运经营人，实现货物全程"一单制"。

第二节 部委层面推进重点

在国家层面将多式联运"一单制"作为重点推进事项和工作方向后，各部门加快推进落实，在全面部署的基础上，结合各自职责，有序推进。

一 交通运输部重点推进多式联运单证标准建设

交通运输部作为国家多式联运工作牵头部门，最早提出并统筹推进多式联运"一单制"发展，引导成都、重庆等地多式联运示范工程企业开展探索创新。除总体统筹外，交通运输部聚焦多式联运中不同运输方式间单证内容重复、业务流程复杂、单证流转衔接不足等问题，从"运输"的视角，以多式联运运单为切入点，重点推进多式联运单证标准建设问题，致力于构建统一的多式联运运单，并在行业内推广应用。

● 多式联运单证衔接问题调研情况

目前，国内各企业的运输单证没有统一的标准，各种运输方式间的单证也无法进行有效衔接，货物在更换运输方式尤其是铁路时，需要二次"起票"（铁路货票和铁路运单）。此外，多式联运还涉及海关、检验检疫、保险等主管部门，不同主管部门分别执行不同体系的单证。据有关统计，一批20英尺集装箱使用的货物运单有39张之多，"联运单证"有44张之多，过境箱单证在22张以上，而且各种运输方式所涉及单证内容重复性比较高，铁路运单、订舱托运单、场站收据、海运提单、报关报检单有近90%的内容是重复的。例如：收发货人的姓名、地址、联系方式，以及货物的品类品名、重量，集装箱箱型箱号等基本信息需要发货人向各个运输主体重复填制提交。这些单证在业务办理、保险索赔、法律责任等方面存在不同的处理方式，在转换运输工具时，必须更换单证，既降低了作业效率，又增加了运输成本。

交通运输部坚持问题导向和目标导向，组织并指导综合交通运输标准化委员会，制定了《国内集装箱多式联运运单》（GB/T 44430—2024）和《国内集装箱多式联运电子运单》（JT/T 1245—2019），形成了统一的多式联运运单格式，明确了多式联运运单的性质和内容构成，确定了运单的格式和使用流程说明，并提出了国内集装箱多式联运运单样本；同时，在国内多式联运电子运单标准中，明确了电子运单数据格式、数据类型等内容属性，构建了信息模式和主要内容，提出了电子运输代码集。通过标准制定，初步构建了国内集装箱多式联运运单体系。

二 商务部重点推进铁路运单和多式联运单证物权化改革

商务部聚焦多式联运贸易融资需求，从拓展单证贸易金融功能、促进国际贸易发展的角度，推广多式联运"一单制"。依托自贸试验区开展制度创新，总结成都、重庆等地多式联运"一单制"改革经验，推动铁路单证和多式联运单证物权化改革，并将此相继列入天津、广西、福建等自贸试验区试点改革任务。国务院在总结交通运输部和商务部经验的基础上，进一步部署了国内标准化多式联运运单的推广工作，积极探索赋予多式联运单证物权凭证功能。商务部重点开展工作如下。

1. 总结推广地方经验

在成都、重庆等地开展多式联运"一单制"改革工作，推进在"中欧班列"上的铁路运单物权化创新，探索陆上贸易新规则的相关经验，并向全国自贸试验区进行复制推广。

2. 向联合国国际贸易法委员会提出单证物权化问题"双轨制"解决方案

结合在推广中出现的中欧班列运输单证进行融资结算时，铁路运单或多式联运单证物权凭证缺乏法律支撑和国际规则支持问题，向联合国国际贸易法委员会第52届年会提交了解决铁路运单物权凭证问题的提案，其中提出了铁路运单与多式联运提单并行使用、有效衔接的"双轨制"解决方案。

3. 组织起草《可转让货物单证公约草案》

在联合国国际贸易法委员会秘书处接受"双轨制"方案后，商务部组织起草了《可转让货物单证公约草案》，在现有国际公约基础上制定了可转让货物凭证，既可以用于跟单信用证，又可以用于运输和清关，目前已进入到谈判冲刺阶段。可转让货物单证的创设和使用将显著提升贸易的灵活性和供应链的韧性，解决长期以来困扰多式联运的物权凭证问题。首先，该单证可以作为增信工具，用于贸易融资，为中小微企业提供资金周转支持。其次，在航运路线中断时，可转让货物单证能够允许切换到其他运输方式，避免降低贸易融资中抵押品的价值，并可灵活转卖在途货物。此外，可转让货物单证可以以电子形式签发和使用（即"可转让电子货物记录"），由单一电子记录涵盖"门到门"运输，有效简化单据流程，提高货运和通关效率。

三 中国银行保险监督管理委员会重点推进铁路运输单证金融服务

中国银行保险监督管理委员会按照《国务院印发关于推进自由贸易试验区贸易投资便利化改革创新若干举措的通知》的要求，为引导银行保险机构进一步扩大铁路运输单证金融服务规模，更好支持跨境陆路贸易发展，起草发布了《关于开展铁路运输单证金融服务试点更好支持跨境贸易发展的通知》（银保监办发〔2022〕82号），鼓励银行参照海运提单下金融服务模式，在落实铁路运输单证控货功能的前提下，将其作为议付单证，为企业提供信用证开立、进口押汇、跨境人民币结算和供应链金融等服务。

第三节 地方层面推进情况

总体上，各地积极探索推行多式联运单证，除成都试用空铁联运运单外，重庆、郑州、西安等地主要是结合自贸试验区建设、中欧班列建设等业务需求，在借鉴海运提单的基础上，制定并试用了铁路提单、多式联运提单等单证，有关探索实践工作重点侧重于拓展单证的金融结算功能，为国际贸易提供更多便利。

一 支持政策方面

2018年1月，中国人民银行重庆营业管理部会同重庆市市财政局、市商委、市交委、中新示范项目管理局、市物流办、市高级人民法院、重庆银监局、重庆保监局等部门联合印发《关于推进运单融资促进重庆陆上贸易发展的指导意见》，针对铁路运单没有货权、铁路运输贸易国际信用证结算接受度低等问题，通过组织运单结算融资试点工作、构建多层面运单融资工作机制等措施大力推进运单融资工作。

2020年3月，四川自由贸易试验区人民法院与中国人民银行成都分行营业管理部、成都市中级人民法院共同会签《关于共同推进多式联运"一单制"运单融资改革创新工作的合作框架》。针对基于单证的铁路贸易融资难题，就支持多式联运"一单制"改革创新，推动联运单证一体化、标准化、物权化和金融化，助力缓解贸易企业融资约束和小微民营企业融资难问题等方面达成共识，进一步探索"一带一路"陆上贸易新规则。

2020年4月，重庆市人民政府印发《重庆市推进西部陆海新通道建设实施方案》，提出"协调相关省(区、市)共同推进铁海联运'一单制'试点，探索贸易物流金融新规则，推动多式联运单证物权化"，并研究制定《西部陆海新通道铁海联运"一单制"试点工作推进方案》，拟进一步扩大试点范围，提升铁海联运"一单制"服务水平。

2020年11月，山东省交通运输厅印发《山东省多式联运"一单制"改革试点方案》，以推进应用区域间统一的多式联运服务规范标准、构建多式联运互认机制、促进多式联运无缝衔接和信息共享为重点，积极探索开展多式联运"一单制"改革试点，目标是到2022年底，试点企业实现多式联运"一单制"，即"一次托运、一次计费、一份单证、一次保险"。2021年4月，遴选10家企业组织开展多式联运"一单制"试点工作。目前，已初步探索了"内陆港一单制""国际铁路联运一单制""空陆联运一单制""海铁联运全程联运提单"等模式。

二 联运单证方面

2017年8月，由原成都铁路局联合四川航空、中铁快运、顺丰速运和四川机场集团等创新推出"一单到底、一箱到底"的合作产品，客户只需填写一份"空铁联运单"就可以实现全程便捷化物流服务。目前，该"空铁联运单"仅能在中国铁路成都局集团有限公司（以下简称为成都局集团公司）管界内使用。完成的全国首单空铁联运，货物是从绵阳出发，通过绵成动车组抵达双流机场站后，经绿色通道登机，直接飞抵上海。2017年9月，该产品完成了首单来自香港的"航空+高铁"跨境物流订单试运。

2020年9月，重庆陆海新通道运营有限公司与中国外运重庆公司合作，率先在全国范围内开具了首张中国国际货运代理协会多式联运提单。通过该提单发运的两个标箱货物为发动机零部件，经铁海联运线路由重庆发往越南海防。通过签发铁路海运全程互认互通的铁海联运"一单制"中国国际货运代理协会多式联运提单，企业可以享受"一次委托""一单到底""一次保险""一箱到底""一次结算"的便捷服务。

三 融资结算方面

四川自由贸易试验区青白江片区依托陆港平台新优势，加快提升贸易便利化水平，扩大班列运费分段结算改革范围和品类，创新基于"一单制"的循环质押融资、跨境电商质押融资，推动中欧e单通2.0版系统实现提单签发电子化。2017年4月，四川自由贸易试验区青白江片区成功签发首单基于中欧班列的多式联运提单，实现了以提单质押方式开具信用证进行贸易结算，2020年全年共签发多式联运提单超过3000单，融资金额1.89亿元。

2017年9月，原成都铁路局基于国内信用证项下货权融资的运单，试点多式联运"一单制"运输，通过开展铁路运单质押等项目，力求探索建立一套全新的国内铁路运输货权融资业务规则，从而突破现有物权凭证方面的限制，逐步建立以铁路运输为基础的多式联运贸易物流新规则。

2017年10月,重庆铁路口岸成功开具第一单铁路信用证,2018年3月,完成了铁路信用证的批量化使用。这一方式是依托"NVOCC(无船承运人)货代单"代替铁路运单为主要思路,结合口岸对货物的指定查验及放行权限,重庆西部物流园联合入园企业和金融机构,采取物流信息和结算单证分开并互为验证凭证的方式,实现铁路运单项下进口信用证融资。

2018年3月,中国银行河南省分行为郑州国际陆港开发建设有限公司分别办理了多式联运提单质押开立国际信用证和汇出汇款业务。根据郑州国际陆港签发的多式联运提单,通过"提单质押+货物监管+担保"的方式,中国银行为中欧班列(郑州)的客户开立国际信用证并提供相关国际贸易结算和融资服务。此举不仅解决了中小企业的融资难问题,还提升了郑州国际陆港运营平台的吸引力,进而与更多的上下游企业拓展和深化物流业务合作。

第四节　各地实践模式总结

多式联运"一单制"在我国尚处于发展初期,各地、各部门均处于探索阶段,根据各地多式联运"一单制"创新实践情况,总体可以归纳为以下两种模式。

一、基于提单的"一单制"

以国际海运为主的多式联运,所依托的多式联运提单体系已经非常成熟,但以铁路为骨干的国际多式联运,受货运规模较小、融资需求较弱、法规制度不完善、控货手段不成熟等因素影响,多式联运提单体系一直未能建立。因此,当前各地各企业关于铁路运单或多式联运提单的"一单制"探索最多,重点应用于"一带一路"中欧班列运输,出现了成都国际陆港的"铁路+"模式、重庆"铁路提单+多式联运提单""双轨制"模式、西部陆海新通道（广西）基于区块链技术的金融服务平台模式等，但从总体上看，各地探索的思路和方向均大同小异，无外乎解决铁路单证物权化的问题。在此，本书详细剖析实践探索最早、完成交易最多的成都模式和基于海运提单延伸的赣州模式。

1.以铁路为主的多式联运提单：成都国际陆港"铁路+"多式联运"一单制"改革

四川不靠海、不沿边，长期以来的海运物流时效和成本是贸易短板。中欧班列作为贯通欧亚大陆的国际物流大通道，是推动"一带一路"贸易畅通的重要抓手和载体。但是，中欧班列在向高质量发展迈进的同时，一些制约因素也愈加凸显。当前国际贸易规则仍以海运贸易规则为主导，陆路贸易规则体系不够完善，跨境运输衔接困难，导致了依托国际铁路联运的中欧班列"通而不畅"。特别是国际铁路联运中，不同铁路承运人分别适用《国际货协》《国际货约》等不同规则，班列途经及到达国家适用不同联运运单，中途需换单，使得跨境和跨运输方式无法"一单到底"。加之金融、法律等配套的"软环境"保障不充分，导致铁路等陆路运输单证与海运提单相比不具有物权属性，银行普遍不接受以铁路运单等陆路运输单证作为议付凭证开立无保证金的信用证。贸易企业很难通过单证获得结算、融资等金融服务，资金压力大，进而制约了大规模的货物进出口。这些都限制了中欧班列从国际运输通道向国际贸易通道转变，也影响了"一带一路"互联互通。

成都国际陆港依托中欧班列（成都）和西部陆海新通道建设，坚持问题导向，从陆路运输规则不统一、运输单证一体化、金融化不足等制约贸易的堵点、痛点出发，以以铁路为主干的国际多式联运通道建设为支撑，探索构建适合陆路贸易方式的多式联运单证体系，在单证标准、货物安全、金融服务等领域探索国际通行标准，逐步形成国际贸易新规则，切实推动由商品和要素流动型开放向规则等制度型开放转变，构建全面开放新格局，发展更高层次开放型经济。

企业以"双路径、双突破、三步走"为基本思路，推动"铁路+"多式联运"一单制"改革。双路径，即成都国际铁路港以多式联运"提单"、成都局集团公司以铁路运单，同步探索联运单证规则体系。双突破，即重点推进联运单证一体化和物权化。三步走，即由易及难、从点到面，近期稳步推动以铁路为主的多式联运运输结构调整；中期重点建立"铁路+"多式联运"一单制"推广机制，完善单证管理信息系统，依托单证物权化拓展金融功能，构建物流、信息流、资金流、监管责任流四大闭环，目标是通过2~3年的努力，使"一单制"形成商业惯例；远期在完善国内规则体系基础上，推动国际谈判，主导形成国际惯例，逐步构建基于国际铁路联运、更加高效便利的陆上贸易新规则。

一方面，围绕"一体化"，构建便捷普适的"铁路+"多式联运单证规则体系。单证标准化等无形规则的对接，是支撑贸易通道可持续发展的重要条件，也是探索国际贸易新规则的主要内容。构建一体化的单证规则体系，就是要统一适应跨境多式联运的单证标准，实现货物"一人到底、一单到底、一箱到底、一签到底、一检到底"。成都国际陆港探索创设基于国际铁路、一体化标准化的多式联运单证规则体系，从规则上支撑"一带一路"互联互通，提升运输、通关等环节的便捷性、安全性，提高物流效率。同时，也为延伸其金融等功能奠定基础。

（1）培育多式联运经营人。积极争取获批国家首批多式联运示范工程，取得无船承运人经营者资质，向交通运输部办理提单登记，增强了单证签发主体资质。

（2）构建多式联运"提单"及配套规则体系。借鉴《联合国国际货物多式联运公约》和国际海运提单，设计一体化的多式联运"提单"样式，明确适用性、签发、交付、多式联运经营人与实际承运人权责划分、索赔方式等要素，约定多式联运"提单"具有承运货物收据、运输合同证明凭证、提货凭证等功能。

（3）完善多式联运经营人全程控货体系。境外端，成都国际陆港在德国纽伦堡、荷兰蒂尔堡等地设立海外仓，拓展境外（代理）机构，提升境外服务和控货能力；境内端，重构进口货物交付流程，明确货物到达后由成都国际陆港统一从集装箱中心站转移货物，待收货人按约定方式向银行缴清余款后，凭成都国际陆港签发的多式联运"提单"领取货物，该模式避免了货物非受控地由到达承运人直接转给实际收货人，提升了多式联运"提单"的控货权。

（4）开发成都国际铁路港信息追踪系统。实现货物运输轨迹可追踪查询，打造了海运、公路、短驳、验货、关务等全链条无缝衔接的运作机制。

另一方面，围绕"物权化"，创新"铁路+"物流金融模式。国际贸易方式的结构性调整，推动陆路物流规模、贸易企业流动资金需求同步扩大。企业围绕单证的物权化，坚持先内后外、由易到难、多种模式并行的创新路径，依托铁路运输单证的控货权优势，拓展金融功能，开展基于单证、多种模式的贸易结算融资试点，构建陆路贸易金融生态圈，破解贸易融资难题。

（1）创新国内信用证结算模式。为突破国际规则，企业在国内进行"先行测试"。针对企业增信难、融资难问题，成都局集团公司与中国银行四川省分行联合设计基于铁路运单的国内信用证"一单制"交易模式试点规则流程（"铁银通"），利用铁路运单较仓单等单证更安全、更规范的控货权优势，率先开启基于铁路运单的信用证结算新模式。2017年9月，开展了国内首例铁路运单信用证结算实践，将铁路运单（货物为钢材）作为开立国内信用证的跟单议付凭证，并修改货物交付规则，突破以往在无保证金增信情况下无法用铁路运单开立信用证的传统模式，缓解了贸易企业资金周转压力。

（2）拓展国际信用证结算实践。国际规则的探索必须强化跨境应用。成铁会同中国银行四川省分行将"铁银通"升级为国际版，将国内铁路运单拓展到国际铁路联运运单，信用证结算方也从国内拓展到国外。2018年12月，依托俄罗斯到成都的中欧班列，成都国际铁路港与中国工商银行四川省分行又进一步合作创新，开展全国首单以国际铁路联运运单为议付凭证，通过人民币结算的国际信用证结算。运用跨境人民币结算模式，帮助企业有效规避后续可能出现的汇率风险，降低购汇成本，为国际铁路联运客户提供新的贸易结算服务，对以铁路为主体的多式联运通道发展和国际贸易物流企业降本增效具有推动效应，同时也是助力人民币国际化的一次有益尝试。此外，成都国际陆港在平行进口汽车业务过程中，探索全国首单以多式联运"提单"为议付凭证的国际信用证结算模式。该模式下，增加了多式联运"提单"签发人的闭合参与，进一步实现了"一单到底+一票结算""一次委托+一口报价""全程控货+金融创新"三个创新。

（3）探索贸易融资新模式。基于单证的信用证结算，更多在于推动贸易跨境结算便利化，是金融服务的基础；而延伸实现融资功能，进一步打破物流、产业和金融的藩篱，则是贸易企业更加关切的诉求。"一单制"改革着眼于融资需求，以"物权化"为切入点探索、推动单证融资，鼓励银行、担保、供应链金融等各类金融主体参与，共建多方协同、风险分担的陆上贸易融资新机制。①突出金融产品创新，依托多式联运单证的控货权，由进口商、金融机构、全程运输监管方（成都国际陆港）三方拟定提单质押融资协议，并引入铁路货运保险等增信机制。例如，中国光大银行、中华联合财险等多家金融机构针对平行进口汽车开展单一客户3000万元的银保联合"提单"质押融资模式。②突出风险控制，中国工商银行四川省分行探索利用区块链技术搭建全流程贸易平台，实现各参与方信息合规、透明、可追溯。③突出配套保障，强化政府引导，出台支持多式联运"提单"应用的财政支持政策，在创新"提单"应用、贷款贴息等领域加大支持力度。

目前，四川"铁路+"多式联运"一单制"改革取得了阶段性成效。一体化的单证体系建设为国家层面的顶层设计提供了有效样本，依托控货权的金融化尝试取得突破，先后完成了全球首例"高速铁路+航空"跨境跨省货物空铁联运、全国首例铁路运单国内信用证结算、全国首单多式联运"提单"国际信用证结算等尝试，特别是全国首单国际铁路联运运单金融化"一单制"规则试点入选第二届"一带一路"国际合作高峰论坛成果。开放通道支撑有力，实现了国际班列、口岸场站、开放产业一体化运作，网络通达的深度和线网密度进一步增强。

2. 以海运为主的多式联运提单：宁波舟山港、赣州国际陆港、山东潍坊申易物流的海铁联运提单"一单制"

以海运为主的多式联运"一单制"模式在国内外已经非常成熟，实际上是海运提单向内陆段的延伸，单证由海运提单变为多式联运提单，目的地由"港到港"变为"门到门"，但提单签发人依然为船公司。目前，该模式在宁波、广州、天津等地港口均已实现普遍应用。

1）宁波舟山港海铁联运CCA"一单制"

宁波舟山港海铁联运2020年箱量突破百万TEU，2021年达到120.4万TEU，自2009年以来年均增长73%，创造了惊人的"浙港速度"，其中外贸集装箱海铁联运量居全国首位。随着海铁联运业务的不断发展，进出口企业对传统海铁联运中不同运输方式间信息不透明、数据重复填报、操作繁琐、中间环节成本居高不下等问题反应剧烈，对基于方便、快捷、高效、透明的海铁联运全程操作体系和运输服务的需求愈发强烈。通过实地调研和流程梳理，宁波舟山港发现，推行海铁联运全程"一单制"可以有效解决以上问题，故在全面梳理全流程业务后，首创海铁联运CCA业务模式。

CCA的全称为Connected Carrier Agreement，可理解为"二程船"联运协议，国际班轮公司将国内铁路段运输视作其连接沿海港口母船的"二程船"，形成铁路运输与船舶海上运输的联运模式，为进出口企业提供从内陆车站经国内沿海港口至国外目的港的海铁联运全程运输服务，船公司可基于全程运输服务在铁路始发站签发海运提单。

2018年，宁波舟山港率先在"渝甬通道"运营平台与马士基、长荣、中远海、赫伯罗特等多家主流船公司签订了海铁联运全程运输协议（即海铁联运CCA）。签订该协议后，凡是通过"渝甬通道"运输的客户，都可在重庆本地订舱、签发提单、本地用箱（船公司的江运通道用箱与铁路通道用箱互用），为企业减少了异地订舱、本地用箱等成本费用。试点成功后，宁波舟山港先后在萧山、义乌、金华、合肥等三十余条海铁联运线路与马士基、中远海、地中海等十余家主流船公司开展海铁联运全程运输业务。目前，各海铁联运线路的运营平台能提前将船公司的空箱通过铁路发送到内陆场站和无水港堆放，工厂只需要在内陆场站提空箱装货后返回内陆场站，然后通过铁路直通宁波舟山港，真正做到无缝衔接。2022年上半年，宁波舟山港完成海铁联运CCA出口重箱7.0万TEU，同比增长59.4%，占全港海铁联运出口重箱的比例提升至19%以上。

同时，宁波舟山港成立海铁联运CCA服务平台，通过对海铁联运全程运输业务的流程重塑、标准制定，统一全港海铁联运CCA业务的操作、商务结算模式，实现了宁波舟山港海铁联运CCA业务一体化操作，为客户提供高效、专业的海铁联运全程运输服务。

2）赣州国际陆港—广州港—境外港海铁联运"全程提单"

2021年9月23日，赣州国际陆港首次应用该模式，开通了"赣州国际陆港—广州港—非洲德班港"海铁联运通道，实现了海铁联运全程"一单制"。货物运输中采用了海铁联运"全程提单"即多式联运提单，使港口功能进一步延伸至内陆腹地，简化了物流供应链中间环节，给内陆客户创造了时间效益，实现"站在家门口，货通全世界"。

海铁联运"全程提单"模式借助路、港、船三方联动，由航运公司作为唯一承运人，代客户办理水路运输、铁路运输、公路运输衔接过程的换单业务。此次运输是位居全球集装箱航运公司前列的地中海航运公司（MSC）、中国远洋海运集团（COSCO），在赣州国际陆港设立赣州起运点后，与广州港开展合作并首次启用"全程提单"海铁联运新模式；客户在赣州国际陆港提空箱装货并缴纳全过程运输、装卸等费用，航运公司为其签发全程联运提单。货物到达广州港南沙港后，由航运公司负责办理更换运输方式的单证，办结清关即可直接上船运往目的港，全程单证不再进行更换，实现"门到门"运输，达到"一单到底＋一票结算＋一次委托＋一口报价"的"一单制"模式。"全程提单"专列相比于普通货运班列而言，是把港口的功能前移到内陆港，避免了以往海铁联运中出现的铁路段与海运段分两步操作、两端各自准备单证而不能通用的问题，解决了进出口环节流程繁琐、时间长、速度慢、成本高的问题，能够帮助客户优化供应链成本、提高物流效率、增强赣州客户甚至江西客户在国际市场上的竞争力。

广州港近年来持续加强与铁路部门、航运公司的深入合作，研究探索海铁联运新的物流模式，如通过航运公司在内陆地区具有一定规模且交通运输发达的物流中心设立起运点，将港口功能进一步延伸至内陆地区。"全程提单"海铁联运新模式将被力推并进入常态化运作。

3）山东潍坊申易物流"内陆港+一单制"模式

山东潍坊申易物流是海关总署批准设立的海关监管场站和"AEO高级认证企业"（最高级别），是山东多式联运"一单制"试点企业。利用通关便利化优势，山东潍坊申易物流致力于开展基于内陆港的多式联运"一单制"探索。2020年10月29日，申易物流"内陆港+一单制"多式联运新模式测试成功，将来自韩国的17个40英尺集装箱纸浆顺利运抵潍坊昌乐，并在潍坊申易海关监管场站完成查验、通关、验放手续（图2-1）。这是山东内陆港多式联运进口转关"一单制"的首批货物，标志着山东内陆区域与青岛港快速物流通道具备正式运行条件。

图2-1　山东首单"内陆港+一单制"多式联运通关仪式现场

该模式不仅能够提高集装箱作为共同运输单元在海、陆、空运输中的通用性和互换性，而且能够提高集装箱运输的安全性和经济性，促进国际多式联运的发展，同时可以从根本上解决多种运输方式产生多份单证的"格式""时效性""安全性""有效性"等问题，为企业降本增效。更重要的是，通过多式联运单证的提单化，收发货人可以提单作为物权凭证，向相关金融机构抵押；而办理融资业务可以为企业提供新的融资渠道，大大提高企业的资金流动性。

二 基于运单的"一单制"

由于国内各单一运输方式单证体系已较为成熟，建立"一单制"运单制度需要对铁路单证、水路单证等体系进行整合，但限于铁路处于垄断地位等因素，单证整合难度大，且企业更换单证体系需要进行全系统变革，企业动力不足。因此，基于多式联运运单的"一单制"探索应用情况较少。目前基于运单的"一单制"形式，主要集中在基于电子运单的多式联运运单"一单制"，即虚拟的运单"一单制"。

1. 形成纸质单证：重庆港务物流集团铁江联运"一单制"试点

重庆港务物流集团协同成都局集团公司、民生轮船股份有限公司，以探索铁铁水的标准、信息、体系的整合融通为目标，积极开展铁江联运"一单制"试点，如图2-2所示。此试点首先于2020年12月在集团所辖的重庆万州港成功运行，之后将相关模式和经验推广至重庆果园港。此试点全程使用成都局集团公司会同民生轮船股份有限公司设计的"铁水联运单"（CRCGTJ001号），实现"一单到底"；同时试点线上数字信息互通，同步生成电子化"铁江联运单"。这是铁路、水路在单证一体化、信息互通、业务融合、共同助力供应链降本增效等方面的积极探索。

图2-2 重庆万州国内首单"铁江联运一单制"试点铁路运输图

同时，重庆两江新区打造的"多式联运智慧运营中心"也在2021年1

月正式启动建设。该运营中心致力于为铁水、水水、铁公等多式联运提供"一单到底"的数字化、标准化服务，为四向通道在果园港的贯通奠定软件基础，重庆港务物流集团未来也将进一步发展多式联运电子单证。

2. 形成电子运单：上海国际港务（集团）股份有限公司海铁联运信息平台实现多式联运运单信息互联互认

2019年7月12日，上海市政府发布《上海市推进海铁联运发展工作方案》（以下简称《工作方案》），大力推进集装箱公铁联运、海铁联运发展，明确了建立推进机制、成立经营主体、补好当前短板、优化运输组织、落实优惠措施、出台扶持政策等推进路径。按照《工作方案》安排，以实现芦潮港与洋山港区的港站一体化管理为目标，2019年11月，上海国际港务（集团）股份有限公司、中国铁路上海局集团有限公司（以下简称上海局集团公司）、中铁集装箱运输有限责任公司、中国远洋海运集团有限公司（以下简称中远海运集团）四方股东合资成立上海港海铁联运有限公司，形成了港口、铁路、船公司等多式联运共同体（经营主体、服务平台），负责芦潮港站日常运营管理、海铁联运市场拓展、资源整合、模式创新，特别是协同各方共同推进海铁联运信息平台建设。结合多式联运业务流程，推动各运输方式间单证信息对接，推动海铁联运业务的全程信息化改造，不断强化信息平台交互功能。

上海港海铁联运有限公司顺利开发海铁联运平台，通过与上海局集团公司畅通地信息交互及与码头系统、运输车队系统紧密地信息对接，实现装箱单发送、铁路计划管理、集卡运输计划管理、海铁码头进港标识、装卸费代结算、集装箱追踪管理等多种功能集成，实现了业务流程和多式联运单证信息的线上传递与互认。

通过上海局集团公司、港口、船公司接口开放、信息完全对接，实现客户或海铁联运公司一键下单，单证信息高效传递、信息数据互联互认、货物动态全程追踪，无须再跳转至铁路或港口等独立平台再操作，建立起一次托运、一张单证、一次计费、一次保险、全程负责的服务体系，为客户提供"门对门""点对点"一站式服务。

同时，铁路、港口、船公司等进一步优化各方既有优惠政策，优惠幅度不低于其他港口海铁联运。上海局集团公司对开通海铁联运班列的经营人，提供依申请对管内实行铁路运输费最高下浮50%（管外30%）、装卸费下浮30%~50%的优惠；对全程提单中中转重箱的空箱回程运费，提供空重联运的优惠。铁路场站给予海铁联运船公司集装箱空箱最长30天的免费堆存期。上海国际港务（集团）股份有限公司对海铁联运中转重箱（全程提单）实施大船装卸费下浮35%或更大力度优惠，并确保海铁联运集装箱优先装船。中远海运集团对海铁联运集装箱给予全程运价50~100美元/TEU的优惠，确保上海港干线船舱位优先接转中远海运集团干线船，并通过在内陆铁路场站提供全程多式联运服务，签发全程联运提单，鼓励客户选择海铁联运。

2020年，上海港海铁联运集装箱箱量达26.8万TEU，同比增长80.08%，增幅排全国第一。2021年，上海港海铁联运业务量达到41.7万TEU，同比增长55.6%，再创历史最好成绩。

第五节　存在的主要问题

虽然多式联运具有成本低、安全性高和污染排放少等优势，但海铁联运中间环节更多、更复杂，且铁路货运和海运规则、内贸与外贸规则之间，有诸多不匹配之处，在多式联运"一单制"工作推进和实践探索过程中，依然存在诸多问题。

一 行业认识尚不统一，推进路径不明确

推行多式联运"一单制"工作在行业内已形成较强共识，但由于多式联运全程涉及主体多、单证多，服务的层面广、链条长，不同部门、不同方式、不同市场主体对"一单制"认知存在较大偏差。具体来看：

行业认识不统一。一是对概念理解有差异。不同企业和从业者对多式联运"一单制"的内涵、外延及具体操作流程等理解不同。部分企业认为"一单制"只是简单的一张运单贯穿运输全程，而忽略了其背后涉及的责任划分、物权属性等深层次问题；还有企业将"一单制"与传统的联运单据混淆，没有认识到"一单制"在多式联运中实现全程一体化服务的核心意义。二是对价值认知有偏差。一些企业过于关注短期成本和效益，没有充分认识到"一单制"带来的长期价值，如提高运输效率、降低整体物流成本、提升客户满意度等。部分小型物流企业担心推行"一单制"需要投入大量资金用于信息化建设和业务流程改造，却看不到立竿见影的收益，积极性不高。同时，不同运输方式的企业对"一单制"给自身带来的影响评估不同，铁路企业可能更关注运量和运输安全，港口企业可能更关注装卸效率和货物堆存，导致对"一单制"的重视程度和推动意愿存在差异。三是对风险认知不一致。对于"一单制"下可能出现的风险，如货物丢失、损坏、延误等情况下的责任界定和赔偿问题，不同企业和从业者的认知存在分歧。一些企业认为在"一单制"下，自身可能面临更大的风险，因为要对全程运输负责，而缺乏有效的风险防控手段和保险机制；而另一些企业则认为通过合理的合同约定和技术手段，可以有效降低风险，但在具体的风险分担和应对措施上，行业内没有形成统一的认识。

推进路径不明确。一是缺乏统一规划和协调。多式联运"一单制"

的推进涉及多个部门和行业，如交通运输、商务、海关、铁路、公路、水路、航空等，目前缺乏一个强有力的统一协调机构和整体规划。各部门和行业往往从自身利益和管理角度出发，制定的政策和标准存在差异，导致"一单制"在推进过程中出现衔接不畅的情况。二是技术标准和规范不统一。不同运输方式在单证格式、数据标准、信息系统等方面存在差异，难以实现信息的互联互通和共享。同时，在货物包装、装卸设备、运输工具等方面的技术标准也不统一，影响了多式联运的无缝衔接。

二、发展处于初级阶段，应用需求不旺盛

相比国外发达国家，我国多式联运尚处于起步阶段，我国完成集装箱海铁联运量占港口吞吐量比例约3%，虽然近五年来保持了年均15%的增速稳步增长，但总体规模依然较小。相比之下，多式联运"一单制"更是处于萌芽阶段和探索初期，由于市场规模小、骨干企业少、参与主体参差不齐、业态模式不成熟、法规制度不完善等因素，作为多式联运高质量发展代表的"一单制"，其发展现状总体符合当前阶段的特点。

同时，国内外相关实践表明，多式联运"一单制"以企业推动和实施为主，而我国目前严重缺乏多式联运经营人。我国多式联运市场大多数是由铁路、公路、水路等单一运输方式的承运企业，采取多次委托、分段运输的方式完成的，缺少具有跨方式运营、一体化运作、全流程服务的龙头骨干企业。同时存在经营主体结构失衡、多式联运组织主体缺失、全程组织能力效率不高的问题。具体地，公路市场极度分散，铁路领域过度垄断，传统航运企业业务单一，第三方中介代理参差不齐，枢纽站场经营企业整合能力有限。真正能够协调各方式、调配各资源、打通各环节的经营主体极度匮乏，组织方式总体落后。分析其原因如下：

（1）货运物流企业小、散、弱特点突出，由于各种运输方式长期独立分散发展，企业规模小，资金实力弱。根据商务部的统计数据，备案的国际货运代理企业已超过 3 万家，但真正有能力承担国际多式联运的企业寥寥无几。

（2）由于铁路市场化改革不足，民营资本和其他运输领域的企业难以进入铁路领域，造成公铁联运、海铁联运等市场主体发育不足。

（3）有利于多式联运发展的市场环境尚未形成，公路领域长期存在超载超限、低价抢货等不规范行为，客观上降低了多式联运的竞争优势；再加上诚信体系建设不完善，信用监管手段尚未发挥有效作用，市场中"劣币驱逐良币"现象普遍存在。

虽然，国内涌现出了以中远海运集团、中国外运股份有限公司等大型国有企业，以及顺丰速运、京东等平台型企业为代表的多式联运经营人，但总体来看，相比国外企业，多式联运经营人培育和成长依然缓慢，致使虽然各地呼声高、政府推动积极，但企业"一单制"需求并不旺盛、规模小，改革成本高却收益甚微。

三 各方式单证已成熟，统一运单难推广

经过多年的发展，各种运输方式的单证体系和业务流程已非常成熟和完善，通过调研了解到以下问题。

（1）多式联运运单设计流程存在环节冗余。目前《国内集装箱多式联运运单》的设计理念和设计流程是：

①托运人委托多式联运经营人运输集装箱货物，由多式联运经营人填制集装箱多式联运运单，经托运人、多式联运经营人确认信息无误后，双方签字盖章。

②多式联运经营人可委托区段承运人运输集装箱货物。

③区段承运人承运多式联运集装箱货物时，应填写相关区段运单号（或合同号）、实际承运的运输方式、接收和交付集装箱货物的地点和时间，承运人在收货人留存联上加盖区段签章。

④集装箱多式联运流转联、收货人留存联应随集装箱货物从起运地流转至目的地。

⑤目的地的承运人交付货物时，应将收货人留存联交给收货人。

⑥集装箱多式联运流转联在收货人签字后，应返至多式联运经营人。

即多式联运运单要全程流转，托运人、多式联运经营人、实际承运人均需在各自流转环节盖章签字。但企业反映，在该单证模式下，多式联运运单并不能替代传统的各种运输方式单证，特别是铁路运单，依然需要在多式联运运单下，办理各环节单证，这样就造成凭空增加一道手续，流程却没有精简。因此，该单证模式难以广泛推广。

（2）业务流程改革难度大、成本高，体制机制阻隔严重。以《国内集装箱多式联运运单》为例，该单证体系希望以一张统一运输单证，替代现有各运输方式单证，但该思路在实践推进中存在以下障碍：①单证系统即是业务系统，改革业务流程对企业来讲难度极大、各项成本极高，如无强力推动和巨大改革红利则很难有动力改革。②铁路、港口、船公司等企业体量大、处于垄断或垄断竞争地位，破除体制机制阻碍、纳入新的单证体系难度较大，除非中国国家铁路集团有限公司等单位牵头开展单证系统改革应用，即对现有95306系统进行调整，增加适应多式联运全流程业务及多式联运运单的相关功能。因此，现阶段该单证模式推广难度较大。

（3）多式联运运单法律地位不明确。①我国多式联运单证主要适用《海商法》和《民法典》，《海商法》对必须包含国际海上运输的多式联运提单作出界定，《民法典》则是对多式联运合同和单证给出法律依据，但均未对多式联运运单给予明确的法律定位，一旦发生货物灭失、损毁、延误等赔偿责任问题，参与多式联运的利益相关方的权利、义务、责任难以清晰判定，各种运输方式仍适用单一运输方式的法律法规。②由于各种单一运输方式运单的使用已形成较为固化的机制，推行多式联运运单既需要厘清与既有运单的从属关系，更需要推动各种运输方式在运单交接、填报、审查、流转、监测、统计等管理制度方面作出变革，存在较大难度。

四 法律法规尚不健全，提单物权难保障

目前，各地实践最多的是依托中欧班列开展多式联运提单金融化、物权化探索，提出了"双轨制"解决方案，将铁路运单或多式联运运单用于银行融资等，但由于法律法规不健全，特别是缺乏国际相关法规支持，目前主要存在以下三个方面问题。

1. 多式联运单证是否具备物权属性

（1）物权单证对银行融资重要性的分析。货款是贸易融资的第一还款来源，因此，银行控制货权是重中之重。开证行可以通过设定物权单证的质押权获得相关权利，包括：在债务人无法偿还债务的情况下出售质押物的权利；以自己的名义向承运人提起侵占的索赔权（例如承运人无单放货）。除开证行外，出口融资银行也可通过受益人提交物权单证获得质押权。另外，开证行在将物权单证放给债务人的情况下，可以通过信托收据的方式控制货权，而只有在物权单证上才能设定货物质押权，这通常是安排信托收据的前提。

（2）对可流通多式联运提单能否成为物权单证的分析。虽然《联合国国际货物多式联运公约》(The Multimodal Convention)5.1款和《UNCTAD/ICC多式联运单证规则》（国际商会出版物第481号）2.6款明确承认可

出具可流通的多式联运单证，但目前可流通的多式联运单证是否为物权单证并不十分确定。①单证中虽注明"可流通"，并且有收货凭指示条款（例如 BIMCO MULTIDOC 95 背面条款第 8 条 Delivery of the goods to consignee），但英国案例"Future Express"中提到，运输单证不能仅通过明示条文，还需要通过证明是习惯做法才能被认定为物权凭证。大多数国家（例如德国）法律也不允许通过协议方式确定单证的物权性质，而是需要通过商业惯例与规则认可。"双轨制"中的国际货运代理协会联合会（FIATA）多式联运提单根据《UNCTAD/ICC 多式联运单证规则》签发，而该规则具有合约性质，加入合约条文中即可适用（《联合国国际货物多式联运公约》则不同，签字国签字后即可成为签字国法律，但是该公约未得到大多数国家认可），因此，该单证适用规则和合约条款都是通过协议方式确定多式联运提单为物权性质的。②从英国法律来看，判断多式联运提单是否为物权单证，陆上运输与海上运输时间的长短会是重要因素。提单作为物权单证，是商业实践的结果，但作为主要是铁路运输的多式联运单证很难具备这种属性。已装船海运提单之所以能成为物权单证，一个重要原因是货物装船后即锁定在船舱内，只有船长是整个运输过程中对运输货物作出表面检查没有利益冲突的第三人，且海运过程与外界相对隔绝，易于控制货物。因此，如多式联运中本质上是陆上运输的运输单证，则很难被认定为物权单证。

多式联运提单能否作为物权单证虽未明确，但是应该看到，海运集装箱运输需要有一段陆上运输已是商业惯例，多式联运单证已是使用最广泛的运输单证，为此，《跟单信用证统一惯例（UCP600）》在条款上将多式联运单证列为运输单证之首，《联合国国际货物多式联运公约》和《UNCTAD/ICC 多式联运单证规则》明确承认可出具可流通的多式联运单证。所有这些已表明海运提单作为物权单证将会被突破，如多式联运中本质上是陆上运输的运输单证，则很可能被视为物权单证，正如《Goode on Commercial Law》(《古德论商法》)关于可流通多式联运提单是否为物权单证中所述："Where it（多式联运单证）is issued in negotiable form there seems no reason why courts should not follow mercantile practice and recognize the status of MT document as a document of title..."（如果是以可转让的形式签发的，法院似乎没有理由不遵循商业惯例，承认多式联运单据作为所有权单证的地位）。

2. 多式联运经营人（MTO）资质问题

如银行取得物权单证质押权，作为质押人可以有诉权（不论是侵权或是运输合约）向侵占方或违约方的承运人索赔损失。"双轨制"模式下，如果多式联运经营人存在违约或侵权行为，例如发生无单放货，银行能否向其索赔，重要因素是多式联运经营人能否为运输合约一方承担合约责任，以及多式联运经营人是否有能力作出赔偿，还是仅仅作为代理承担代理责任。从"双轨制"模式看，多式联运经营人为合约承运人(Contract Carrier)，负责包括铁路运输阶段的全程运输，签发多式联运提单，而铁路发运承运人为实际承运人(Actual Carrier)，负责铁路运输并签发铁路运单。

多式联运经营人经常会是无船承运人，而无船承运人通常没有运输工具，如出现纠纷，例如因无船承运人无单放货或出现欺诈，融资银行能否向其成功索赔就成为一个重要考虑因素，因此，选择具备资质的多式联运经营人是银行关注的重点。另外，由多式联运经营人代理签发的多式联运提单也是银行需要考虑的。这与货运代理签发海运提单相似。国内一些货运代理风险控制能力较弱，可能会出现违规操作，例如倒签提单，或者在错误提单未退回时却又重新签发另一套提单。FIATA多式联运提单签发人资质会受到一定限制，签发人应是FIATA普通会员，且对其责任投保。

3. 信托收据："双轨制"多式联运提单融资问题

进口信用证项下会有进口押汇，而进口押汇必须借助于信托收据制度。信托收据不是一种担保方式，也不能设定质押权（如银行在物权单证上设定质押权），其作用是保证开证行的单证质押权在单证放给客户后依然有效。我国《民法典》第二编第十八章规定了提单和仓单可以设定权利质权，但多式联运提单是否为物权凭证尚不明确，所以据此签发信托收据可能存在法律障碍。物权单证上设定质押权这一规定也与英美国家的商法一致。例如《美国统一商法典》之动产担保篇9-312对可流通的单证（提单和仓单）规定了信托收据性质。该法同时完善了担保权益（Security interest），在一定期限内开证行放单给买方，不改变开证行的地位，我国法律对此没有明确规定。

通过以上分析，如多式联运提单明确为物权单证，且多式联运经营人主体资质符合银行要求，则银行在"双轨制"模式下融资会具有良好前景。同时应看到，"一带一路"运输包括海铁联运和铁路运输，而且海铁联运将多以铁路运输为主，这种运输方式下多式联运提单能否成为物权凭证，存在一定不确定性。如果通过技术等手段提高铁路运输货物控制能力，接近海运中控制货物的情形，则这种多式联运提单作为物权凭证可能会被接受。有效控制货物是解决铁路运输融资问题的根本，这也体现了贸易融资的自偿性原则。以成都国际陆港签发的首张"一单式"提单为例，虽是个案，但充分说明有效控制货物对贸易融资的决定性作用："成都国际陆港作为货物承运人，负责对货物的全程运输、监控。其间，第三方无法接触货物，确保成都国际陆港对货物的控制权，包括遭遇违约风险时对货物的处置权，从而形成了"交货—运输—监管—提货"全链条闭环，解决了中欧班列在实现铁路运输单证物权上的关键难题。"

五 信息数据联通不足，安全隐私顾虑多

目前，多式联运信息数据联通难是制约多式联运发展的关键因素，也是制约多式联运"一单制"发展的关键因素。主要存在以下三个方面问题。

1. 铁路数据接入协调困难，成为信息链条硬隔离

企业反映，铁路信息系统对外开放不足，公路、水运、港口等企业难以与其实现信息有效连通，导致在实际运营中难以及时掌握和查询铁路生产计划、货物在途跟踪、运输组织调度等，港口、船公司等无法及时安排生产，货主无法及时掌握货物信息。上海港、重庆港仅能实现与本辖区内的上海局集团公司、成都局集团公司管内数据互联共享，钦州港与南宁铁路局集团公司的管内信息尚未连通。

2. 信息互联共享机制不健全，"信息孤岛"现象普遍

数据交换规则制度缺失，缺乏数据收集、数据交换、开发利用、资产交易、安全责任等关于数字经济的相关规则标准；企业在推进信息互联互通过程中，普遍存在泄漏商业机密、缺乏安全保障等顾虑；铁路、港口、货运代理等企业，在业务合作中往往只希望获取其他企业相关信息，而开放共享自身信息的意愿不强。信息系统自我封闭严重，虽然各企业都有自己的信息智能化系统，但中国国家铁路集团、铁路集装箱中心站、码头进出闸数据、港口箱位数据、中心站进出闸数据、中心站箱位数据等未能互联互通。政府公共信息数据开放不足，不少企业反映，由于海关系统不提供对外信息接口，企业在进出口业务中只能通过电话询问的方式掌握动态，安排后续作业，大大降低了进出口效率。

3. 运输信息无法联通共享，电子运单推行缓慢

铁路、公路、港口、船公司、船代、货运代理、货主、海关、检疫检验等主体在多式联运全程会采集、处理、加工、传递不同的货运信息，但

均自成体系。全程运输关联的关键信息在不同主体间需要重复填写，且存在口径不同、要求不同的问题；由于信息数据不连通，单证信息难以快速流转，推广多式联运电子运单就成为一句空话。线下多式联运运单走不通，线上也不连通，所以，多式联运"一单制"推进缓慢。同时，关键信息缺少交换共享技术标准和渠道，难以为客户提供预告、跟踪、查询、结算、追溯等功能，降低了多式联运服务质量。

六 服务规则衔接不畅，互信互认效率低

我国的公路、水路、铁路和航空均形成了各自相对完备的运输服务规则，但是不同运输方式在货类品名、危险品划分、包装与装载要求、安全管理、保险理赔、责任识别等方面的规定各不相同，以标箱为例，海运可装载30~32吨，公路可装载32~35吨，而铁路严格装载27.5吨；类似地，铁路和航空对货物运输品类的要求较公路和海运严格，使得货物在不同运输方式间难以实现有效衔接，需要建立多式联运经营人管理制度、多式联运运输规则等，以及修订各单一运输方式运输规则；这也成为影响多式联运上量扩面、"一单制"互信互认发展的重要制约因素。

1. 货类划分和管理要求不一致

企业反映，目前铁路货类分为9000余品名，且铁路企业的运价下浮政策是针对不同的品名执行不同价格；海铁联运企业需将海运300类货物与铁路9000余品名进行对应，工作相当繁琐。水上允许运输的硫黄等货物，被铁路部门作为危险品进行管理，不允许进行铁路运输；货物无法联运，单证更无从谈起。

2. 技术装备标准不匹配

当前，我国运输装备的标准化、集装化、厢式化程度较低，铁路特种货车和专用平车、半挂车专用滚装船、江海直达和江海联运船舶等发展滞后，

冷链、商品车、危险品等专业化运输装备占比较低，内陆集装箱应用处于探索起步阶段。公路货运车辆技术标准与火车、船舶等其他载运工具、站场设施、换装设备等标准缺乏统筹，难以实现货物在不同运输方式间的高效流转。

3. 管理部门之间政策不协调

企业反映，铁路方面针对外贸货物（例如冻品、木材等），要求在进行铁路运输前应提供海关检验检疫证明，但按照海关部门管理要求，对于通过海铁联运进口至内陆地区的货物，需运输至内陆目的地后才能提供检验检疫证明，即出现管理上的矛盾和不衔接，造成企业无所适从，只能通过公路转运至内陆地区，制约了海铁联运发展。此外，铁路运输部分管理规定和要求与国际相关规则不一致，造成了海运进出口货物在进行铁路运输时存在诸多困难，制约了单证的顺畅流转。

七、税费保险标准不一，交易结算不便捷

1. 税费方面

目前，增值税税率共有4档：13%、9%、6%、0，见表2-1，其中运输税率统一为9%，仓储、装卸、搬运、货运代理等为6%，多式联运作为全程综合运输服务组织，提供全过程综合物流服务，多主体参与、多环节转运，不仅涉及不同运输方式，也涉及仓储、搬运、货运代理等场景业务，面临全程税率不一致、各环节抵扣不充分的问题。

2019年国家最新增值税税率汇总表 表2-1

序号	税目	税率
1	销售或者进口货物（除9~12项外）	13%
2	加工、修理修配劳务	
3	有形动产租赁服务	

续上表

序号	税目	税率
4	不动产租赁服务	9%
5	销售不动产	
6	建筑服务	
7	运输服务	
8	转让土地使用权	9%
9	饲料、化肥、农药、农机、农膜	
10	粮食等农产品、食用植物油、食用盐	
11	自来水、暖气、冷气、热水、煤气、石油液化气、天然气、二甲醚、沼气、居民用煤炭制品	
12	图书、报纸、杂志、音像制品、电子出版物	
13	邮政服务	
14	基础电信服务	
15	增值电信服务	6%
16	金融服务	
17	现代服务（除租赁服务外，包括货运代理、仓储、装卸、搬运等）	
18	生活服务	
19	销售无形资产（除土地使用权外）	
20	出口货物	0
21	跨境销售国务院规定范围内的服务、无形资产	

（1）销售运输服务、邮政服务、不动产租赁服务、转让土地使用权以及销售粮食等农产品、食用植物油、食用盐等货物，税率为9%；包括陆路运输服务、水路运输服务、航空运输服务、管道运输服务及无

承运工具的运输服务等。

（2）现代服务，包括物流辅助服务，如航空服务、港口码头服务、客货运场站服务、装卸搬运服务、仓储服务和收派服务等；商务辅助服务如货运代理、代理报关等，均为6%。

（3）加工、修理修配劳务、有形动产租赁服务，销售或者进口货物税率为13%。

（4）根据《财政部 国家税务总局关于全面推开营业税改征增值税试点的通知》（财税〔2016〕36号）附件4第三条的规定，境内单位和个人以无运输工具承运方式提供的国际运输服务，由境内实际承运人适用增值税零税率；无运输工具承运业务的经营者适用增值税免税政策。

2. 保险费率

运输保险根据运输货物的性质、运输方式等制定不同的费率，产生不同的保险费用，从国内和国际分别来看：

国内货物运输保险的费率包括基本险费率和附加险费率。费率厘定要考虑的主要因素如下。

（1）运输方式。运输方式可分为直达运输、多式联运等。其中，由于多式联运需要采取两种及以上的运输工具才能将货物从起运地运达目的地，保险货物在运输途中要更换运输工具，同时要增加卸载、重新装载等环节，遭受危险的可能性也随之增加。所以，多式联运的基本费率一般按多式联运中收费最高的一种运输工具来确定，或按第一种主要运输工具确定保险费率并另加0.0005。

（2）运输工具。运输工具可分为陆运、水运和空运三种。其中陆运包括火车、汽车等；水运包括沿海内河的轮船、机动船和非机动船等。不同的运输工具客观上存在着不同的运输风险。

（3）货物的性质。货物按性质可分为一般货物、一般易损货物、易损货物和特别易损货物四类。对不同性质的货物也应制定相应的级差费率，易损程度越高，保险费率也就越高。

国际货物运输保险的费率构成如下。

（1）海运险的一般货物险别分为平安险、水渍险和一切险三种，同一险别，不同洲、国和港口的费率均不同。

（2）陆运、空运和邮包保险险别分为本身险（即陆运、航空运输和邮包险）和一切险两种。

（3）指明货物加费费率表是按货物大类分类的，如粮油、土畜、轻工类等。

（4）运输保险费用计算公式为运输保险费＝［原币货价（FOB）+国外运费］/（1-保险费率）×保险费率。

CHAPTER 3 第三章

国内外经验借鉴

结合前文研究结论，本章选取了对多式联运"一单制"发展具有借鉴意义的国内快递电子面单的经验，以及国外法律法规、行业规则和企业实践的相关经验，作为借鉴参考。

第一节 国内外相关行业发展经验

一、快递电子面单（电子运单）

快递电子面单，在国家邮政局发布的行业标准《快递电子运单》（YZ/T 0148—2015）中被称为快递电子运单（express electronic -waybill），指将快件原始收寄等信息按一定格式存储在计算机信息系统中，并通过打印设备将快件原始收寄信息输出至热敏纸等载体上所形成的单证（该标准还对电子运单组成、类别、规格、内容等进行了说明）。

电子面单是快递的"身份证"，从2014年在快递行业被广泛推广以来，在中国头部快递公司中的使用率已经接近100%。随着其使用范围的扩大，基于电子面单、手持扫描仪等构成的数字化系统重塑了快递的业务链条。电子面单是一种识别标签，用来描述包装内的物品。电子面单所需要填写的信息会因使用的物流公司而异，但主要内容都是由地址、名称、重量和追踪条形码组成。

二、电子面单发展历程

2006年初，德国国际快递公司（DHL）在全球推出"创新在线快件处理系统"。这是第一套投入商业运行的准电子运单系统，突破了时间与地域的限制，为客户提供了便捷的多元化快递服务模式。

2006年至2008年初，美国联合包裹运送服务公司（UPS）、联邦快递（FEDEX）、荷兰TNT快递公司等国际快递公司都推出了类似DHL的准电子运单在线发件系统。

2008年，国内快递巨头顺丰速运开始酝酿在国内提供便携移动发票打印服务，并于2010年开始在全国推广使用。

2011年，德邦物流采用便携式打印机为用户提供电子面单打印服务。

2013年，顺丰速运在北京、上海、广州、深圳推广电子运单服务，消费者可以通过顺丰速运APP在线下单，收派员上门提供电子运单现场打印服务。

2014年，菜鸟网络科技有限公司（以下简称菜鸟网络）推出电子面单服务。菜鸟面单服务协议参见附录11。

2015年，国家邮政局对电子运单的规范使用作出部署。

2016年3月，《快递电子运单》（YZ/T 0148—2015）行业标准启用。

三 电子面单发展现状

2015年"双十一"当天，天猫的累计物流订单为4.68亿单，累计电子面单生成量1.21亿单，由此测算2015年天猫电子面单渗透率仅为25%。截至2019年底，全国电子运单使用率已达98%。到2021年，大型快递公司几乎100%使用电子面单。

2013—2019年中国快递行业电子面单使用比例变化如图3-1所示。

2018年7月，百世快运联合菜鸟网络推出电商大件电子面单，降低了诸如家具类、电器类、厨卫用具类等大件商品的配送难度。

2021年3月，阿里云发布"网络型快运电子面单接入白皮书"。为了提升商家发货效率，降低发货成本，菜鸟电子面单开始支持国内快递公司。

该方案可以解决多环节打单、贴单的问题，实现一单到底。接入的网络型快递公司有：德邦物流、百世快运、安能快运、壹米滴答、韵达快运、中通快运、速尔快运、申通快运、卡行天下快运、天地华宇、顺心捷达、加运美、中铁快运。

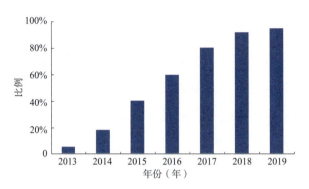

图 3-1　2013—2019 年中国快递行业电子面单使用比例

资料来源：国家邮政局，安信证券研究中心。

2021 年 3 月，为解决零担接货环节开单慢、报价不准和串货情况频发等痛点问题，德邦快递全面推广使用零担电子面单，把原来的纸质运单下单优化为线上下单。过去，零担开单需要先由客户填写好纸质运单，然后由驾驶员拍照上传运单照片，再由开单部门开单，待开单完成后由驾驶员打印标签，最后由外场补录重量体积。所有过程完成后，客户要等到第二天才能获得运费信息。现在，在零担电子面单开单场景下，客户线上下单后，驾驶员接收信息，与客户确认信息后即可开单，其间可以预估费用，开单后可立即打印标签，再由外场补录重量体积。

可以看到，电子面单应用的覆盖面越来越广，适用货物由电商小件逐步向电商大件、快运货物、零担货物发展，运输方式也由公路运输逐步向航空、铁路等拓展，提高了物流效率，降低了综合成本，实现了一单到底、一口报价。

四 电子面单的作用

1. 运输协议（运输合同）

快件交寄委托方与被委托方之间的约定，特别是损失赔偿的标准，由于缺乏明确的法律规定，往往会变成主要的争议事项。面单的填写事项和背书条款的约定内容就变成了至关紧要的自我保护的武器。如面单脱落件可根据面单填写的品名及申报价值直接获得赔付。

2. 加速快递流转

在电子面单普及之前，中国快递普遍使用的是纸质面单，纸质面单一般分为四联或五联。在整个快递运转过程中，五联纸质面单陆续被撕下来，分别交给客户、财务、揽件方、派件方和收件人，参与了信息流转、分拣标示、资金结算、管理考核等诸多流程。在资金结算方面，网点需要在每个月月底汇总其中一联，再交给客户财务，进行运费结算；在分拣环节，需要有人用马克笔在面单上写上目的地，再由分拣人员按照马克笔标注的缩写进行定向分拣。

电子面单用"四段码"代替了"马克笔"。四段码包含目的地的分拨中心市、包裹的派送网点、派送快递员以及包裹的具体小区/楼栋或者代收点。

3. 加强总部对加盟网点（企业）的管理

电子面单在一定程度上重塑了中国快递公司的组织形态和管理形态，促进其总部对加盟网点的管理。过去，纸质面单上的信息大部分没有录入到快递公司总部系统，以致快递公司总部无法了解加盟网点内部的经营状况、客户构成等。有了电子面单后，总部才真正看清了加盟网点内部正在发生什么、趋势是什么样，推动总部和加盟网点形成紧密的组织形态。

4. 统一信息流

菜鸟网络通过开发统一电子面单平台，集合了"四通一达"、中国邮政速递物流、宅急送、德邦物流、优速快递、天天快递、快捷速递、全峰快递等常用的快递企业。在卖家端，商家可以接入指定快递商家系统，电子打印、批量出单，并具有充当拣货单、有效维权等多重好处；在消费者端，快递物流动态可见，包裹丢失率也大幅下降；对于快递企业而言，由于具有统一格式的条形码，配合自动分拣中心和扫描设备，大大降低了填单、中转、签收、售后各环节的人工成本。

5. 推动自动分拣等先进装备应用

通过扫描电子面单二维码、条形码等，自动化分拣系统能快速识别、处理、配送快递。在自动分拣机上，机器可以通过扫描面单条码，识别前置的分单码，将不同的快件投入不同的目的地格口。如中通在 2017 年 3 月末，一共只有 17 条自动分拣线；2018 年一季度，电子面单使用率提升到 94%；到 2018 年 3 月末，自动分拣线已增加到 59 条，使得在包裹量同比增长 36% 的同时，分拨中心的人员仅平均增加了 7%；到 2019 年 3 月 31 日，自动分拣线已达 130 条。

6. 实现可追溯管理

菜鸟网络开发出"电子面单"后，从用户下单那刻起，就会为订单生成一个编号，生成面单并自动绑定，实现在任何一个物流环节中面单都可追溯。

7. 节约成本和绿色环保

电子面单本身的成本比传统面单降低 5 倍以上，另外，电子面单的打印速度是传统面单的 4~6 倍，平均每单打印只需花费 1~2s，平均速度为 2500 张 /h，最高时可达到 3600 张 /h。

五 菜鸟网络电子面单——推动建设公共电子面单平台，兼容多家快递公司电子面单系统

2014年5月，菜鸟网络联合"三通一达"等14家主流快递公司推出了标准化的公共电子面单平台，并向商家和所有快递企业开放免费申请接入。与中通、圆通等快递公司的电子面单不同的是，菜鸟网络电子面单建立起全行业统一的标准格式，所有的快递公司都能识别该面单，且使用免费，在普及过程中菜鸟网络仅提供技术和系统支持。菜鸟电子面单将电商商家与快递物流的对接模式，从"N—N"（多对多）变为"N—1—N"，使商流与物流的衔接更加高效。菜鸟电子面单平台提供了对接到主流快递公司的电子面单服务，兼容了各大快递公司的接口差异，有丰富的打印模板可供选择。

自2014年诞生以来，菜鸟网络电子面单（图3-2）逐渐取代传统纸质面单，推动中国快递业进入数字化时代。交通运输部原副部长、中国快递协会会长高宏峰在2019年全球智慧物流峰会上提到，菜鸟网络电子面单已经累计服务800亿个包裹，节约纸张3200亿张，帮助全行业节约成本160亿元，菜鸟网络电子面单因此获得国家邮政行业科学技术一等奖。

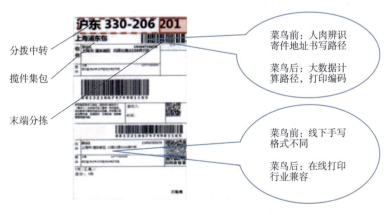

图3-2　菜鸟网络电子面单区域信息

电子面单率先在国外运用多年，可以靠机器识别三段码、四段码，节约时间、减少误差，推动了快递行业包裹数字化，为后来实现快递自动分拨、智能物流打下了基础。

国内快递企业中，顺丰速运和德邦率先展开电子面单研发，而"通达系"的电子面单推行却遇到了不小的挑战。

2013 年，中通快递开始尝试自己做电子面单。但当时，电子面单行业标准不统一，试验很久但实际普及率不到 10%。同时很多商家反映，各家快递公司系统不同、互不相通，要分别连接多台针式打印机，发货麻烦，费时费力。如何才能解决这个问题？没有任何一方可以制定统一的标准，即便有电子面单，商家仍需面对混乱的 ISV（软件开发商）体系与服务商。但如果阿里巴巴集团做一个统一的电子面单系统，一边连接几百万商家，一边连接各快递公司，既可以提高效率，又可以降低成本，从而解决这个问题。

这时，菜鸟网络基于自身的技术和资源整合能力，决定推出统一的电子面单，并于 2014 年 5 月联合 14 家主流快递公司推出了标准化的公共电子面单平台，向商家开放免费申请接入。

一开始快递公司作出了响应，但在实际推进中迟迟没有实质性进展，原因是快递公司担心，如果面单的主导权被别人掌握，自己就会受制于人。为了打消快递公司的疑虑，菜鸟网络特别说明，其只提供一个产品工具，单号还是归快递公司所有，由快递公司生成和发放。电子面单这才在行业内快速普及。菜鸟网络承诺，菜鸟网络不参与商家与快递公司的价格谈判过程，只会提供一个快递费用指导价。

在此背景下，中通快递率先推出对使用电子面单的商家每单补贴 0.2 元人民币的推广措施。2015 年，中通电子面单使用率不到 10%，第二年就超过了 90%。实践证明，该决定对中通抢占市场、提升业务量起到了至关重要的作用。

菜鸟网络电子面单的意义不止于此。因为电子面单统一了各种数据标准，后续流程被前置，订单生成时同步规划出快递路径，分拣与配送也可以提前安排，自动分拣设备、智能分单、智慧物流也因此发展起来。

中通试水之后，电子面单快速在"通达系"快递公司中被应用。2015 年，德邦快递与菜鸟网络电子面单平台对接入驻后，实现了线上商家批量智能下单，电子运单目的站明确清晰，货物分拣效率也得到进一步提高。

通过数据的流转，菜鸟网络电子面单系统可以把包裹中转的信息自动串联发货商家、送货快递公司与收货消费者。基于电子面单串联的数据，可对快递行业的配送时效和配送成本进行一系列优化。数据显示，使用电子面单的物流订单，在发货速度、揽收速度、派送速度方面都有不同程度的时效提高，其中最为明显的数据是发货速度普遍提升 30% 以上。

通过菜鸟网络电子面单平台，可打通快递公司与商家系统的双向互动通道，可实时跟踪订单各个环节的处理状态，清晰记录各个系统间的订单处理效率，实现行业统一的电子面单接入规范，建立新的电子面单对接和应用标准。

在菜鸟网络电子面单的带动下，中国快递业进入数字化快车道，全网实现大型分拨中心全自动化分拣，智能分单应运而生，全网揽签时效从平均 4 天提速到 2.5 天。

六 快递鸟电子面单——专业化电子面单服务企业

快递鸟是除菜鸟网络以外应用较为广泛的电子面单接口平台。深圳市快金数据技术服务有限公司成立于 2015 年，是国家高新技术企业，邮政业科技创新战略联盟理事单位，打通了超 1500 家快递物流公司系统，上下游数据交换超过千亿次，每天处理订单量在 3000 万单以上，为物流快递、政府银行企业、电商物流系统、零售电商平台等各类运力场景提供多场景、多行业物流模块解决方案，致力于成为全球最大物流信息枢纽中心。

商家操作发货时同步订单的发 / 收件人信息、货物信息，通过快递鸟电子面单接口直接发送到快递公司，获取电子面单单号、大头笔、电子面单打印模板等信息。商家通过浏览器或 CS 结构客户端打印工具打印电子面单。快递企业揽收后将运单信息同步订阅到快递鸟，接收物流轨迹及路由信息，实现全程业务链路实时信息化。

直营型快递公司对接快递鸟电子面单业务流程图如图 3-3 所示。

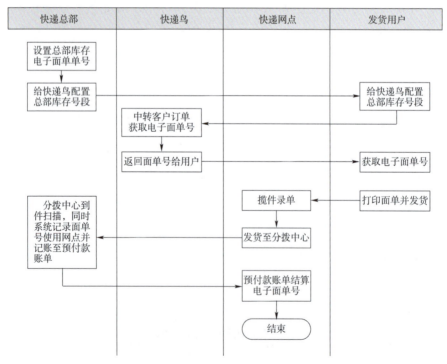

图 3-3　快递鸟电子面单业务流程

七 顺丰速运电子面单——创新客户隐私和数据安全保护

国内物流快递龙头顺丰速运是国内最早布局电子运单便携打印业务的企业，于2013年正式在北京、上海、广州推行电子运单服务。经历了数代设备的选型更迭和极其庞大的业务应用，无论是业务应用效能还是设备可靠性，都已经获得了长时间地考验和验证，在系统软件端和硬件设备端，顺丰速运已打下坚实的基础。

在此之前，顺丰速运纸质面单上有很多编号，纸质面单被扫描之后，每一张扫描图会自动被拆成十个部分，并分给不同的供应商负责数据的录入，相当于没有任何一家供应商可以看到完整的面单。顺丰速运开展业务初期有几千人负责输单，后来与腾讯合作，结合腾讯OCR文字识别技术以及顺丰速运在地图、地址上的能力基础，推动手写的汉字自动化输入、自动化识别，手写地址以及信息识别率可达到99%以上，以此来解决人为参与可能产生的误差风险。

顺丰速运是第一家推出二维码扫码寄件的公司，并于2017年率先发布顺丰速运"丰密面单"，原理是在一张能打出来的面单上，对收方、寄方通过信号脱敏处理，以保证快递员在日常处理过程中、客户在处理剩余面单纸时不会再泄露收件人和电话号码等信息。

2018年8月8日，顺丰速运发布"隐址件"面单，通过"隐址件"寄件时不需要填收件人地址，由收件人自己填写，打出来的面单也不会有相关的地址信息。相当于收寄双方的业务过程都不会接触到相互的联系方式和地址信息，保证快件传递过程中个人数据的安全。

根据顺丰速运规划，顺丰速运将持续推进电子面单发展，推广国际电子化面单和扫码下单，加速顺丰速运国际APP上线，将电子面单业务覆盖至更多的国家和地区。

八　"斑马面单"跨境直递"一单到底"——联通境外数据

"一单到底"的物流模式可省去中间各方对接、各个平台操作的繁琐过程，一张快递面单全程贯通，避免换单时可能会出现的掉包或者贴错包裹面单的情况，完成清关后即可安排目的地境内派送。

斑马中美小包直寄业务（ZPD）全程使用专有斑马面单，无须在美国境内换单，实现"一单到底"，省去美国段的操作时间与人力成本，实现"落地配"到海外直递的成功转换。导入订单信息后即可打印 ZPD 面单，第一时间获得最终单号，物流信息全程可查。仅需一个运单号就能将包裹从供货商手中直递至海外消费者手中，无须再贴第二单，大大降低了成本费用，实现快速验放通关，提高通关效率。

九　电子面单样式——统一的标准、不同的形式

电子面单打印内容主要包含了收发货人、收发货地址、商品信息以及三段码或四段码。

1. 电子面单规格

顺丰速运面单规格为 100mm×150mm；菜鸟网络电子面单（二联单）规格为 100mm×180mm。《快递电子运单》（YZ/T 0148—2015）规定的电子运单规格如图 3-4 所示。

类别	用途	尺寸		误差
		宽	长	
两联	适用于电子商务用户	100	100~200	±1.5
三联	适用于APP个人用户	76	180~220	
注1：APP指所有客户端软件，现多指移动应用程序； 注2：特殊尺寸由供需双方商定。				

图 3-4　电子运单规格（单位：mm）

2. 区域信息内容

电子面单区域信息内容见表 3-1 和图 3-5。

电子面单区域信息内容 表 3-1

区域名称	信息内容	
快递服务组织信息区	该区域应包括快递服务组织的相关信息,如快递服务组织名称、标识、客服电话等	
条码区	派件存根联:条码区应只打印快件编号的条码标识; 收件人存根联:条码区除打印快件编号的条码标识或识别码外,还宜在左侧印有快递企业标识; 寄件人存根联:条码区除打印快件编号的条码标识或识别码外,还宜在左侧印有快递企业标识	
目的地区	目的地区又称大头笔区,用于打印快件的目的地名称或代码等	
寄件人信息区	该区域应包括寄件人、地址、联系电话等内容	
收件人信息区	该区域应包括收件人、地址、联系电话等内容	
内件详情区	该区域用于打印内件的名称、类别、数量等内容	
业务类别及业务处理区	业务类别	该区域用于打印业务类别名称,如即日到、次日到、优先快递、经济快递和代收货款等
	业务处理	派件存根联:应包括快件的质量、体积、运费、付款方式、代收货款金额、收件时间、服务协议约定提示、寄件人签名等内容; 收件人存根联:应包括快件的付款方式、代收货款金额等内容; 寄件人存根联:应包括快件的质量、体积、运费、申报保价(保险)金额、保价(保险)金额、收件时间、收派员签名、服务协议约定提示等内容
用户签收区	该区域用于收件人或代收人签字,填写签收时间等内容	
自定义区	该区域由快递服务组织根据自身业务需要设置,可包括二维条码、易碎品提示等其他信息	

3. 电子面单各层组合

电子面单通常由三层组成:上层为热敏面材,主要用来打印收/寄件人的姓名、地址和相关投放网点等物流信息;中间层通常为离型中纸或者格拉辛原纸;下层为涂硅格拉辛底纸。使用时可以通过热敏打印机打印相关的物流信息,然后将打印好的面单粘贴在快递件上,待快递送达后由快递员将热敏面纸收货联从中纸上揭下以留底,如图3-6所示。

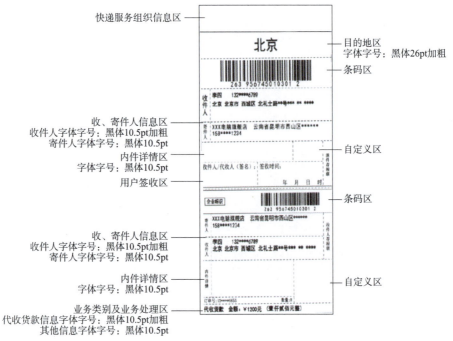

图 3-5 电子面单区域信息内容

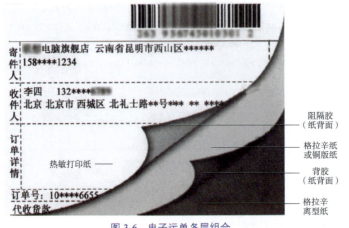

图 3-6 电子运单各层组合

4. 各快递电子面单

目前常见的各类快递公司主要有圆通、顺丰速运、京东、EMS 等，其中圆通有电子面单和二维码面单两类，分别如图 3-7、图 3-8 所示。顺丰速运、京东、EMS 的电子面单如图 3-9~ 图 3-11 所示。

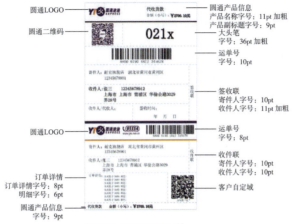

图 3-7 圆通电子面单

图 3-8 圆通二维码面单

图 3-9 顺丰速运电子面单

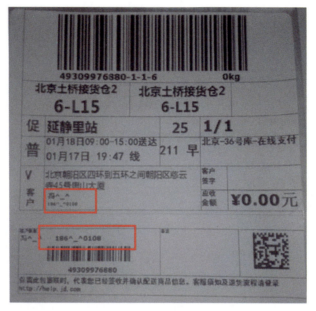

图 3-10 京东电子面单

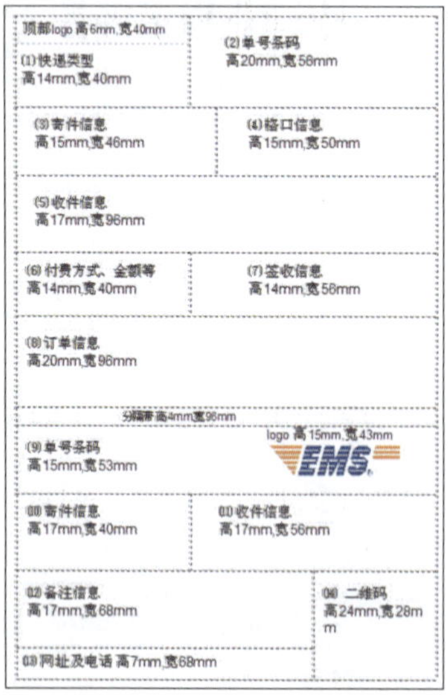

图 3-11 EMS 电子面单

第二节　国际多式联运单证规则发展历程

一　国际铁路联运运单

亚欧大陆上有两大政府间铁路联运组织——铁路合作组织和国际铁路运输委员会，两个组织在各自范围内分别适用不同的国际联运协约，即铁路合作组织的《国际货协》和国际铁路运输委员会的《国际货约》，2006年以来，两大组织经协商，又推出了国际货约/国际货协统一运单。

1.《国际货协》

《国际货协》由苏联、罗马尼亚、匈牙利、波兰等7个东欧国家于1951年11月1日签订，中国、朝鲜、蒙古国于1953年7月加入该协定；1974年7月1日，《国际货协》修订本生效，目前成员国主要是俄罗斯、东欧、中亚5国以及中国、蒙古国、朝鲜、越南、阿富汗等，共计28个国家。

2.《国际货约》

《国际货约》自1893年1月1日起生效，1924年10月在伯尔尼修订后又称《伯尔尼公约》，目前成员国包括主要的欧洲国家，如法国、德国、比利时、意大利、瑞典等，以及东欧各国，此外还有西亚的伊朗、伊拉克、叙利亚，以及西北非的阿尔及利亚等39个成员国。

阿尔巴尼亚、保加利亚、伊朗、立陶宛、波兰等国家同时参加《国际货协》和《国际货约》两个协定。两者中的运送规则、运输单证等均不一致，由于历史、政治、经济原因，适用于两者的成员国间的跨亚欧铁路联运货物需要在波兰马拉舍维奇口岸更换单证。

3. 国际货约/国际货协统一运单

铁路合作组织和国际铁路运输委员会在1993—2006年间经过多次的

接洽和内部协商，商定继续进行关于尽可能指定东西方联运货运统一运单的研究工作，在制定统一运单样式，特别是在解决责任问题时，采用两种体系运输法的可能性，最终达成《欧亚联运多式联运的组织和运营问题协定》，并制定了国际货约/国际货协统一运单。2006年7月，国际货约/国际货协统一运单在乌克兰首次使用，取得良好效果，此后便逐步在乌克兰、白俄罗斯、德国、捷克、波兰、俄罗斯等国家铁路推广使用。

2011年12月，我国正式发布执行《国际货协》附件第22号《国际货约/国际货协运单指导手册》（以下简称《指导手册》）。《指导手册》中对欧亚直通铁路运输运单的样式、使用文字、填制内容说明、参加国家铁路、适用条件、费用支付、运输径路及转发地点、协议原则等均做了翔尽规定。执行《指导手册》的成员由《国际货协》和《国际货约》的成员国组成，其中《国际货协》成员国14个，《国际货约》成员国22个，基本上包括了亚欧大陆桥铁路运输的主要发运国家和过境国家，形成横跨亚欧大陆的铁路直通运输通道。

《指导手册》所编制的国际货约/国际货协统一运单，系国际货协运单和国际货约运单的简单合并，保留了国际货协运单原有各栏内容，只是在次序上对部分栏目进行了调整，同时新增了国际货约运单部分内容，以及与办理转运和发运手续相关的内容，共有119项。《指导手册》规定，在两大政府间国际铁路联运组织各自范围内分别适用不同的运输法规，即统一运单在《国际货协》适用范围内采用时，作为国际货协运单使用，适用《国际货协》的规定；在《国际货约》适用范围内采用时，作为国际货约运单使用，适用《国际货约》的规定。国际货约/国际货协运单由6张连续编号的A4纸组成，分别为运单正本、运行报单、运单副本、货物交付单、货物到达通知单/海关和货物发送通知单。

目前，通过波兰马拉舍维奇的欧亚直通联运中，有超过70%的集装箱和 18% 的整车货物使用统一运单。而我国除了重庆—杜伊斯堡的中欧班列使用统一运单外，其他中欧班列均采用国际货协运单发运。统一运单没有大规模推广的主要原因如下：

（1）对发货人来讲，由于增加了一种文字，制作稍显复杂。

（2）由于随车单证需要更早地提供给沿途铁路、联检部门及收货人确认，因而对货源组织和发运的衔接要求更高。

但是，使用统一运单的优势也相当明显，不仅可以提高通关效率，节省费用，而且作为运输合同，其填制更加严谨，可以避免不必要的纠纷，特别是可以更好地维护货主利益，越来越多的客户希望选择使用统一运单办理中欧间国际联运。

二 国际多式联运单证

为适应国际集装箱多式联运快速发展，统一国际多式联运规则，国际商会、联合国国际贸易法委员会等制定更新了三个版本的国际多式联运单证规则，且这些规则均对单证内容、赔付责任等作出了规定。

1.《国际商会联运单证统一规则》

20世纪60年代，集装箱多式联运在国际上快速崛起，多式联运单证出现，并随着集装箱多式联运的发展不断演变完善。1973年，由于当时的国际公约均只适用于单一运输方式，为了防止多式联运单证多样性发展，国际商会制定了《国际商会联运单证统一规则》，并在1975年进行了修订，供当事人自愿采纳。这是最早关于联运单证的国际民间协议，且作为民间规则，不具有强制性，但经常被国际货物多式联运合同双方当事人协议采用。该规则主要包括如下内容。

（1）多式联运经营人的责任形式：规则对于多式联运经营人实行网状责任制。对于发生在多式联运经营人责任期间内的货物灭失或损坏，如果知道这种灭失或损坏发生的运输区段，多式联运经营人的赔偿责任，依据适用于该区段的国际公约或国内法予以确定；在不能确定货物发生灭失或损坏的运输区段时，即对于隐藏的货物损失，其赔偿责任按完全的过错责任原则予以确定。赔偿金的限额按灭失或损坏的货物毛重每公斤 30 金法郎计算。如果发货人事先征得多式联运经营人的同意，已申报超过此限额的货物价值，并在多式联运单证上注明，则赔偿责任限额应为所申报的货物价值。

（2）多式联运经营人的责任期间：从接管货物时起，至交付货物时止的整个运输期间。

（3）多式联运经营人对货物运输延迟的责任：只有在确知发生延迟的运输区段时，多式联运经营人才有责任支付延迟赔偿金。赔偿金的限额为该运输区段的运费。但适用于该区段的国际公约或国内法另有规定时除外。

（4）货物灭失或损坏的通知与诉讼时效：收货人应在收货之前或当时，将货物灭失或损坏的一般性质书面通知多式联运经营人。如果货物灭失或损坏不明显，应在 7 日内提交通知，否则，便视为多式联运经营人按多式联运单证所述情况交付货物的初步证据。就货物灭失、损坏或运输延迟而向多式联运经营人提出索赔诉讼的时效期间为 9 个月，自货物交付之日或本应交付之日，或自收货人有权认为货物已灭失之日起计算。根据该规则第 6 条，多式联运单证上应载明其协议的商业上所需要的事项，包括货物品名、标志、号数、数量、重量/体积、标志等。

2.《1980 年联合国国际货物多式联运公约》

1980 年 5 月 24 日，在日内瓦召开的联合国国际联运会议上，由联合国贸易和发展会议 84 个成员国正式通过了《1980 年联合国国际货物多式联运公约》。该公约是继《班轮行动守则公约》和《汉堡规则》之后，在联合国贸易和发展会议成员国的共同努力下，历经了多年的研究和起草过程才得以问世的另一部重要的国际货物运输公约，并且这是世界上第一个旨在统一国际货物多式联运合同法律规定的国际公约。该公约是关于国际货物多式联运中的管理、经营人的赔偿责任及期间、法律管辖等的国际协议。该公约由于批准国家未达到30个，至今未能生效。我国没有参加该公约。该公约的主要内容是：

（1）该公约适用于货物起运地和（或）目的地位于缔约国境内的国际货物多式联运合同。

（2）该公约并不排除各缔约国国内法律管辖。

（3）实行统一责任制和推定责任制。

（4）多式联运经营人的责任期间为自接管货物之时起，至交付货物之时止。

（5）赔偿责任限制为每件或每一运输单位920特别提款权，或按货物毛重计算，每千克2.75特别提款权，两者以较高者为准。

（6）货物损害索赔通知应于收到货物的次一工作日之前以书面形式提交多式联运经营人，延迟交付损害索赔通知必须在收到货物后60日内以书面形式提交，诉讼或仲裁时效期间为两年。

（7）有管辖权的法院有：①被告主要营业所或被告的居所所在地；②合同订立地；③货物接管地或交付地；④合同指定并在多式联运单证中载明的其他地点。仲裁申诉方有权选择在上述地点仲裁。

（8）该公约附有国际多式联运海关事项的条款，规定缔约国海关对于运输途中的多式联运货物，一般不作检查，但各起运国海关所出具的材料应完整与准确。该公约在第二部分第8条中规定了多式联运单证的内容。

3.《1991年多式联运单证规则》

1991年，由于《1980年联合国国际货物多式联运公约》迟迟没能生效，为了满足现实的需求，作为一种过渡性的替代安排，联合国贸易和发展会议与国际商会共同制定了《1991年多式联运单证规则》，并将这一具有民间性质的规则向全球行业企业推荐。该规则共13条，主要内容包括：

（1）本规则经当事人选择后适用，一经适用就超越当事人订立的条款，除非这些条款增加多式联运经营人的义务。

（2）本规则对一些名词做了定义。

（3）多式联运单证是多式联运经营人接管货物的初步证据，多式联运经营人不得以相反的证据对抗善意的单证持有人。

（4）多式联运经营人责任期间为自接管货物时起，到交付货物时止。多式联运经营人为其受雇人、代理人和其他人的为或不为承担一切责任。

（5）多式联运经营人的赔偿责任基础是完全责任制，并且应当对延迟交付承担责任。

（6）多式联运经营人的责任限制为每件或每一运输单位666.67特别提款权，或按货物毛重计算，每千克2特别提款权。

（7）如果货物的损坏或灭失是多式联运经营人的为或不为造成的，则不得享受责任限制。

（8）如果货物的损坏或者灭失是由托运人造成的，则多式联运经营人应先向单证的善意持有人负责，而后向托运人追偿。

（9）货物损坏如明显，则收货人应立即向多式联运经营人索赔，如不明显，则在6日内索赔。

（10）诉讼时效为9个月。

（11）本规则对无论是侵权还是违约均有效。

（12）本规则适用于所有多式联运关系人。

三 海运运单和海运提单

目前已经生效,在统一各国有关提单的法规方面起着重要作用的国际公约有三个:《海牙规则》(Hague Rules)、《维斯比规则》(Visby Rules)、《汉堡规则》(Hamburg Rules)。

1.《海牙规则》(Hague Rules)

1924年8月25日,由26个国家在布鲁塞尔签订的《海牙规则》,其全称是《统一提单若干法律规定的国际公约》(International Convention for the Unifieation of Certain Rules of Law Relating to Bill of Lading),该规则于1931年6月2日生效。包括欧美许多国家在内的50多个国家先后加入了该规则,其特点是较多地维护了承运人的利益,在风险分担上很不均衡。

2.《维斯比规则》(Visby Rules)

1968年2月23日,《维斯比规则》在布鲁塞尔通过,也称为《海牙—维斯比规则》(Hague—Visby Rules),其全称是《关于修订统一提单若干法律规定的国际公约的议订书》(Protocol to Amend the International Convention for the Unifieation of Certain Rules of Law Relating to Bill of Lading),可简称为《1968年布鲁塞尔议订书》(The 1968 Brussels Protocol),是在第三世界国家的强烈要求下,对《海牙规则》中明显不合理或不明确的条款作局部修订和补充的基础上产生的。该规则于1977年6月生效。目前已有英国、法国、丹麦、挪威、新加坡、瑞典等20多个国家和地区加入。

3.《汉堡规则》(Hamburg Rules)

1976年由联合国国际贸易法委员会草拟,并于1978年经联合国在汉堡主持召开的有71个国家参加的全权代表会议上审议通过的《汉堡规则》

全称是《1978年联合国海上货物运输公约》（United Nations Convention Of the Carriage of Goods by Sea, 1978），于1992年生效。它全面修改了《海牙规则》，内容在较大程度上加重了承运人的责任，保护了托运人的利益，代表了第三世界发展中国家意愿。

4.《鹿特丹规则》（Rotterdam Rules）

由联合国国际贸易法委员会起草的《联合国全程或部分海上国际货物运输合同公约》，又称《鹿特丹规则》，于2009年9月23日在荷兰鹿特丹获得了16个成员国的签署，当年内又取得了其他5个国家的签约，从而开启了一个新的"鹿特丹时代"。《鹿特丹规则》的宗旨不仅在于替代当前实施的《海牙规则》《海牙—维斯比规则》《汉堡规则》三个国际海运公约，实现国际海运公约的统一，还在于实现海运与其他运输方式的法律统一。《鹿特丹规则》的最大特点是，提单被取而代之，而是把运输单证分为可流通运输单证、不可流通运输单证及电子运输记录。这里的"运输单证"的范围远大于三大公约所规定的提单范围。

第三节 国际行业组织多式联运单证规则

一 国际货运代理协会联合会（FIATA）

国际货运代理协会联合会（FIATA）发行了多式联运提单（FBL）和多式联运运单（FWB）两种单证，供多式联运经营人使用，这些文件符合1991年联合国贸易和发展会议/国际商会多式联运文件规则。

1. 多式联运提单（FBL）

FIATA多式联运提单（Negotiable FIATA Multimodal Transport Bill of

Lading, FBL）是一种承运人类型的运输单证，也可以作为海运提单。一般情况下，除非特别注明"不可转让"，该单证具备可转让属性。此单证可根据《跟单信用证统一惯例指南（UPC 600）》第 19 条作为多式联运单证，或根据第 20 条作为提单签发。

（1）责任义务。多式联运经营人或签发此单证的海运承运人应负责履行运输义务，不仅承担在目的地交付货物的责任，还承担其为履行整个运输（包括交付）而雇佣的所有承运人和第三方的责任。

（2）赔付条款。通过签发多式联运提单，多式联运经营人一般接受每件或每一运输单位 666.67 特别提款权，或每千克丢失或损坏货物总重 2 特别提款权的赔偿责任限制，以较高者为准，除非提单已经备注更高价值。如果多式联运不包括海上或内河的货物运输，其基本责任限额为每千克总重 8.33 特别提款权适用。当货物的丢失或损坏可归因于多式联运经营中的特定运输阶段时，多式联运经营人的责任受到适用于该运输阶段的强制性国家、领土或国际法的限制。

（3）相关规定。在签发多式联运提单时，多式联运经营人应确保：

①本人已接管其中规定的货物，处置权完全归本人所有；

②货物明显状况良好；

③文件上的详细信息与收到的指示相符；

④货物保险责任已与托运人约定；

⑤明确规定签发多式联运提单正本数量。

2. 多式联运运单（FWB）

FIATA 多式联运运单（Non-negotiable FIATA Multimodal Transport Waybill, FWB）是一种承运人类型的运输单证，也可以作为海运运单，该单证不可转让。此单证可根据《跟单信用证统一惯例指南（UPC 600）》

第20条作为海运运单签发。

（1）责任义务。多式联运经营人或签发此单证的海运承运人应负责履行运输义务，不仅承担在目的地交付货物的责任，还要承担其为履行整个运输（包括交付）而雇佣的所有承运人和第三方的责任。与多式联运提单（FBL）不同的是，收货人在目的地交付货物时，无须出示多式联运运单（FWB）。

（2）赔付条款。根据文件背面的条款，货运代理一般接受每件或每一运输单位666.67特别提款权，或每千克丢失或损坏货物总重2特别提款权，以较高者为准，除非提单已经备注更高价值。如果多式联运不包括海上或内河的货物运输，其基本责任限额为每千克总重8.33特别提款权适用。当货物的丢失或损坏可归因于多式联运经营中的特定运输区段时，货运代理的责任受到适用于该运输区段的强制性国家、领土或国际法的限制。

（3）相关规定。在签发多式联运运单时，多式联运经营人应确保：

①本人已接管其中规定的货物，处置权完全归本人所有；

②货物明显状况良好；

③文件上的详细信息与收到的指示相符；

④货物保险责任已与托运人约定。

二 波罗的海国际航运公会（BIMCO）

波罗的海国际航运公会（BIMCO）根据联合国国际贸易法委员会/国际商会多式联运单证规则，发行了代号为MULTIDOC 95的可转让多式联运提单。

提单明确了提单号、货物信息、承运人信息、船舶名称、装卸港及日期、托运人和收货人信息、提单签发信息、运费等。提单涉及条款共六部分二十六条，明确了一般规定、合同履行、多式联运经营人责任、货物描述、运费和留置权、杂项规定等内容。

三、数字集装箱航运协会（DCSA）

近年来，在国际贸易领域以电子方式取代纸质运输单证的可取性引人注目。目前，世界各地都有基于登记和代币模式的政府和私人举措，但在允许各方在国际贸易中使用电子记录方面成效有限。数字集装箱航运协会（DCSA）致力于打造电子单证，实现航运交易无纸化，进一步推进集装箱多式联运信息互联共享。

1. "端到端"文件的编制流程

"端到端"文件的编制过程涉及托运人从 A 至 B 运输货物所需文件的所有编制必要步骤（表3-2）。该过程的耗时参数和手动性质使其成为标准化和数字化的明确候选者。

提单业务流程　　　　　　　　　　　　　　　　　　表3-2

序号	步骤	参与者	描述
1	提单准备阶段	承运人 客户/托运人	（1）托运人准备发运说明（SI）。 （2）运营商接收、检查是否有丢失或不正确的信息，并向客户确认。 （3）承运人确认发运说明。 （4）承运人建立初始提单，并将其发送给客户/托运人审批。如果初始提单不正确或不批准，客户将提供其他信息。 （5）一旦客户/托运人批准提单上的内容，即正式确定提单。
2	发布前的修正	承运人 客户/托运人	（1）客户会提交所需的修改内容。 （2）承运人收到并审查修改请求，并检查是否进行修改。 （3）如果不可能，承运人会通知客户，而该过程将停止。如果可能，承运人继续对账单进行修改，并计算和应用客户的费用。 （4）修改后，承运人发出正式订单

续上表

序号	步骤	参与者	描述
3	发布正式提单	承运人终端	（1）船舶离开港口，码头发送设备装货报告。 （2）承运人接收装载确认，并确认设备状态。 （3）承运人确认付款条件并发出提单
4	发布后的修订内容	承运人 客户/托运人	（1）客户会提交所需的修改内容。 （2）承运人收到并审查修改请求，并检查是否有可能进行修改。 （3）如果不可能，承运人会通知客户，而该过程将停止。如有可能，客户会将原始文件提交给承运人。 （4）承运人接收并核实原始文件，并继续对提单进行修改。 （5）承运人计算并应用与修改提单相关的费用，更新提单

由于提单是文件编制流程的主要输出，与此相关的两个过程步骤是标准化的自然起点。然而，鉴于大多数提单数据起源于该过程中的早期步骤，因此需要采用一种全面的方法（图3-12）。

步骤	1.1 提交订舱申请	1.2 订舱申请确认	1.3 编制提单	1.4 签发提单	1.5 到货通知	1.6 货物放行
概述	托运人提交订舱申请时需包含以下内容： ①托运人详细信息； ②收货人详细信息； ③目的地； ④商品描述； ⑤集装箱尺寸和箱型； ⑥合同/定价； ⑦船舶/联运； ⑧特殊货物条款	承运人接收并核验订舱请求。承运人将基于以下几点确认订舱请求： ①运输计划； ②舱位； ③空箱放箱情况； ④承运人接运单； ⑤附加服务； ⑥定价确认； ⑦RPS 检查	在确认相关订舱请求时，托运人可向承运人提交提单补料（S1）（即，关于提单必须达到信息呈现程度的最终说明）。承运人将验证提单补料（S1）并向托运人发送相关最终草案，以供其进行审批	一旦托运人确认提单格式件，承运人将完成以下步骤，从而签发提单： ①验证所装载的货物； ②商定价格/支付条款； ③开具发票并收取起运港费用	在签发提单之后，承运人将向收货人（或到货通知接收人）发送到货通知	最后，承运人将按照以下步骤对货物进行放行： ①检查提单是否签署完备，以及付款是否已经确认； ②向码头/堆场发送交货单； ③从码头/堆场提出重箱； ④在客户工厂拆箱； ⑤将空箱还回堆场

图 3-12　数字集装箱航运协会（DCSA）"端到端"文件编制流程

2. 电子化数据提单内容

电子化数据提单内容如图 3-13 所示。

类别	字段						
相关方	托运人	收货人	通知人	通知人	托运人货运代理	收货人货运代理	货运代理编号
	运费支付人	SCAC 代码	税号/全球法人识别编码	地址	电话	电子邮箱/传真	收货人编号
运输单据	签发日期	签发地点	运输单据编号	正本提单份数	运输单据签发人	签名	装船日期
	条款	收货待运日期	免责声明	运输单据类型	提单副本数量		
装运	收货地点	起运港	目的港	交货地点	申报价值	服务类型	装运条款
	内陆运输路径	前期运输人	出口编号	货物原产地和原产国	承运人订舱编号		
船舶	船名	航次					
货物项目	唛头	货物描述	体积	承运人收到的集装箱总数或总包数	HS 编码	货物毛重	冷冻柜湿度
	单位	零担指示器	冷冻柜温度设置	冷冻柜通风			
装运设备	核实的集装箱总量	集装箱总重	集装箱皮重	集装箱类型	集装箱号码		
铅封	铅封号	铅封来源					
收费	预付金额	到付金额	运费与收费	预付/到付	运费支付地点	币种	
承运人条款	承运人条款						
订舱	服务合同	商品					

图 3-13 电子化数据提单内容

第四节 国外企业多式联运单证相关实践

一、美国伯灵顿北方圣太菲铁路运输公司（BNSF）

美国伯灵顿北方圣太菲铁路运输公司（BNSF），英文名 NYSE:BNI，是北美地区最大的铁路运营商之一，拥有 52500km 的运营网络，遍及美

105

国的 28 个洲和加拿大的两个省，每年运输超过 500 万个集装箱和拖车，是世界上最大的铁路多式联运承运公司，其多式联运业务流程具体如下：

1）客户委托与合同签订

（1）接受托运申请：BNSF 作为多式联运经营人（MTO），根据客户需求（如货物类型、运输时间、起止地点等）评估是否接受委托，并与客户签订多式联运合同。

（2）运输规划：结合货物特性、成本与时效要求，确定运输方式组合（如海铁联运、公铁联运），并协调各运输区段的承运人。

2）集装箱管理与货物准备

（1）集装箱调配：BNSF 通过自有集装箱、租箱公司或合作承运人提供空箱，客户可选择整箱（FCL）或拼箱（LCL）模式。

（2）出口报关与装箱：在海关监管下完成货物装箱，涉及出口报关、理货及装箱单制作。若为拼箱货，需在指定货运站集中装箱。

3）运输执行与跟踪

（1）第一程运输：通常为海运或铁路运输，BNSF 签发多式联运提单（作为物权凭证），并实时跟踪运输状态（如船舶位置、铁路货车运行数据）。

（2）转运衔接：在转运点（如港口、铁路枢纽）协调装卸设备与人员，确保货物交接与单证流转无缝衔接。BNSF 通过物联网传感器和 AI 技术监测货物状态，预防延误或损坏。

4）后续运输与交付

（1）本地配送：货物到达目的站后，安排卡车或区域物流合作伙伴完成"最后一公里"配送。

（2）货物交付与签收：收货人凭提单办理进口清关并提货，整箱货需返还空箱至指定堆场。

5）风险管理与事故处理

（1）全程保险：客户可投保全程或分段运输险，BNSF 则投保货物责任险以覆盖运输风险。

（2）事故处理：若发生货损或延误，BNSF 基于提单条款协调索赔，并通过数据分析追溯责任区段，结合保险公司进行理赔。

1. 通用规则

《BNSF 联运规则和政策指南》(R&PG) 规定了 BNSF 或 BNSF 提供的联运规则，作为多式联运业务的一部分。

（1）欲成为 BNSF 的联运托运人，必须符合要求，包括建立信用 / 安排 EFT/ 签署向 BNSF 提交联运运输合同等。

（2）《BNSF 联运规则和政策指南》结合特定的 BNSF 价格当局，构成 BNSF 提供某些豁免运输服务的报价。每次根据《BNSF 联运规则和政策指南》中的报价和相关价格当局，托运人向 BNSF 提交货物时，都会达成单独的协议。

（3）在开始联运之前，BNSF 中必须包含正确和完整的运输指令。托运人保证其有权签订本协议，并同意受《BNSF 联运规则和政策指南》条款的约束。任何代表托运人、受益所有人或接受本货物的接收方也同意受《BNSF 联运规则和政策指南》条款的约束。托运人负责确保所有上述各方得到通知《BNSF 联运规则和政策指南》的适用性。

（4）有效价格管理机构根据《BNSF 联运规则和政策指南》规定可提供的具体服务地点（设施）。

（5）托运人必须安排在 BNSF 铁路线以外的设备运输，而 BNSF 不参与此类安排的任何部分，也不承担任何责任。除非在价格当局中有规定，否则，BNSF 和另一条铁路在铁路之间的设备交换时只能在正常的联运交换点进行。

除非另有规定，否则任何具体规定均优先于一般规定。

2. 多式联运服务

BNSF 提供服务级别选项，表示 BNSF 网络上的多式联运服务（过境时间）。服务水平反映在当局多式联运价格和服务时间表中。

（1）服务计划和服务级别可能会发生更改，而不另行通知。如果价格当局未说明特定服务水平，BNSF 将合理调度货物，但不按任何特定列车或时间表运输。BNSF 不保证按任何特定列车或时间表交付货物（保证产品除外）。

（2）当发生不可抗力时，将免除履行运输服务的义务：如机械故障或任何其他灾难性影响，和/或超出托运人或 BNSF 合理控制的类似原因、商品固有缺陷、法律、托运人的行为或违约、BNSF 未提供的设备设计或条件，或 BNSF 未实际拥有设备时发生的任何事件。

（3）BNSF 无论价格权限类型如何（包括合同协议和联运安排），保留停止任何铁路线路或联运设施的所有权、维护或运营的权利，并保留修改或停止任何服务或服务提供的权利。在这种情况下，BNSF 将提供尽可能多的通知，以尽量减少必要变化的影响。

BNSF 对停止任何服务或服务可能增加的运输费用或相应的损害不承担责任。

（4）在向 BNSF 提供运输指令时，必须使用有效的联运服务代码，并与相应价格主管机构的规定服务代码相匹配。

服务规范描述了运输类型（国内或国际）、设备所有者（铁路、轮船或私人）以及所需的移动（交付到枢纽或门）。

3. 托运人责任（部分）

作为一般原则，除非本协议另有特别规定，《BNSF 联运规则和政策指南》下的责任将根据托运人或 BNSF 的相对过错，在托运人与

BNSF 之间分配。然而，如果托运人未能遵守《BNSF 联运规则和政策指南》的任何条款，托运人将承担因该行为引起的所有责任，无论 BNSF 的实际或涉嫌疏忽或 BNSF 未能检测、防止或减轻托运人的该行为引发的问题。责任限额可适用于某些情况，如货物损失限额。托运人责任包括：

（1）符合所有设备要求、规范和标准，并提供适合商品和铁路运输的设备。

（2）遵守《禁止、限制和危险》章节中的所有一般、商品和/或设备规定。

（3）按照《BNSF 联运规则和政策指南》以及第 49 节的要求，正确阻塞、包装、支撑、平均分配重量和装载设备中的内容。

（4）在设备包含货物时，提供门、舱口、盖和所有开口上的密封件。

（5）在设备从 BNSF 场所拆除或擅自进入或损坏之前，报告设备或货物的证据，并将这些物品记录在检查报告上。

（6）根据有关货运的适用法律法规（包括但不限于投标国际运输时的海上货物运输法）或其他适用法律法规投标。此外，对于源自或终止于其他国家的货物，托运人应负责遵守各自国家的海关要求和政府法规，以及适用的美国海关、边境和其他法规。

（7）无任何隐藏或明显缺陷或基于商品固有缺陷的招标设备。

（8）如果轨道控制设备未能检查设备是否适合在运输期间保护和保存货物，以及在装载前的适当检查中可能发现设备缺陷，则表明铁路控制设备存在缺陷。

（9）导致泄漏、转运、负荷转移和过载以及所有相关费用、成本或罚款。

（10）导致机械故障、操作故障、缺乏燃料、对任何温度控制设备或温度控制设备上的任何装置、单元记录仪或仪器的误读或误用，包括泄漏。

（11）导致设备在托运人或托运人代理人持有期间损坏、丢失、被盗或损坏。

（12）发送或提供不正确的运输说明或信息。

二、美国诺福克南方铁路公司（NS）

美国诺福克南方铁路公司(NS)，英文名 Norfolk Southern Railway，是美国的一家一级铁路公司，所有者为诺福克南方公司。公司总部位于弗吉尼亚州的诺福克市。全系统铁路总里程达 21500mile（1mile=1609.344m），服务于美国东部 22 个州及华盛顿哥伦比亚特区和加拿大安大略省。

1. 运输说明

NS 不接受没有完整的运输说明的发货。NS 没有义务转发此类货物。

运输说明被保存在一个有限的时间内。如果未在提供运输说明后 21 天内提交相关装运证明，则运输说明将被删除。在此之后，在投标发货前，必须向 NS 发送新的运输说明。

（1）运输说明必须包括以下信息：

① 站点；

② 目的站点；

③ 起运位置；

④ 实际目的地；

⑤ 完整的路线，包括连接路口；

⑥ 铁路服务方的名称和地址；

⑦ 受益人；

⑧ 实际发货人和接收人；

⑨ 收货人的名称；

⑩ 服务码；

⑪ 预付或收取的款项；

⑫ 要求承运人执行目的地拖运时，收货人的地址和电话号码；

⑬ 目的地终端的通知方姓名及传真电话号码；

⑭ 拖车/集装箱编号；

⑮ 集装箱装运是自带底盘还是放置在没有底盘的汽车上；

⑯ 拖车/集装箱的长度（外部测量）；

⑰ 如果承运人进行始发地拖运，铁路始发地和实际始发地；

⑱ 如果承运人执行目的地拖运，铁路目的地和实际目的地；

⑲ NS 合同编号或适用的 NSPQ 编号；

⑳ 收单方的名称和地址（如果与铁路服务买方的名称和地址不同）；

㉑ 用于确定适用费率的有效七位数标准运输商品代码（STCC）编号。移动空容器的正确 STCC 是 42-211-30；

㉒ 主要商品的实际描述；

㉓ 实际提单的总重量。

（2）对于国际运输，除上述项目外，还须包括以下信息：

① 海运承运人代码；

② 起始港与目的港；

③ 船名；

④ 船舶到达或航行日期；

⑤ 海关经纪人名称；

⑥ 处于债券状态；

⑦ 债券持有人；

⑧ 美国海关即时运输（IT）或运输和出口编号（TE）和舱单信息，或符合人口普查局和美国海关服务要求的托运人出口申报单，或邮寄托运

人出口申报单的声明。

（3）对于运往墨西哥或加拿大的货物，除上述项目外，还须包括以下信息：

① 集装箱或拖车中所有商品的件数和具体商品描述（不接受"Freight All Kinds"；加拿大海关要求非常具体的商品描述，例如："棒球棒"，而不是"体育用品"）；

② 海关经纪人的名称；

③ 收货人的名称和地址；

④ 美国出口港；

⑤ 加拿大海关通关口岸。

（4）除上述项目外，危险品运输还须包括以下信息：

① 正确的运输名称；

② 危险等级；

③ UN/NA 识别号（需要时）；

④ 描述的总量；

⑤ 24 小时应急响应电话号码（在需要时）；

⑥ 在 172.200 至 172.300 中要求的其他附加运输说明（纸质说明）信息。

2. 电子数据交换

（1）NS 接收移动提单的首选方法是符合铁路指南的 EDI404 信息（主要包括货物提单信息）。EDI 可用于传输或确认有关运输指令的信息。EDI404 信息也可以使用附件提供的互联网提单程序（IBOL）创建 EDI404 交易。托运人可使用 EDI/IBOL 传送运输说明。EDI 不得用于重新转让或转移订单，或传送订单提单，或任何其他账单变更。纸张运输说明需要支付行政管理费。

（2）每个 EDI 都必须包含发送 EDI 的托运人或当事方的唯一标识符

代码。在使用 EDI 之前，可以从：经理 -EDI 服务，1-800-235-5551 获得标识码。

（3）每个 EDI 都必须采用规定的格式，并使用 NS 要求的或托运人和 NS 书面同意的协议或技术传输规范。

（4）EDI 到 NS 的时间将是在 NS 计算机系统上所显示的 NS 接收到的时间。NS 的 EDI 时间为 NS 在 NS 计算机系统上传输的时间。

（5）由 EDI 传输的所有信息都可以以电子方式存储。应合理要求，托运人或 NS 必须向他人提供其拥有的任何磁带、磁盘或其他电子存储媒体的副本，以显示其有关装运的 EDI 记录。如果所提供的数据有争议或应合理要求，托运人和 NS 将确认所提供数据的准确性，或具体说明与其存储数据的差异。所有传输或存储和写入的 EDI 数据的纸质副本将被视为普通商业记录。

（6）除非法律或法院命令要求，托运人或 NS 均不得披露托运人的 EDI 标识码或 EDI 信息，或不得向审计师、会计师、律师、EDI 服务的第三方提供商或公司附属机构披露标识符代码和保密信息。托运人和 NS 将采取合理的预防措施，以防止标识符代码和 EDI 数据的其他披露。

（7）托运人或 NS 可经书面通知对方后，终止托运人使用 EDI 装运信息。

（8）EDI 可通过托运人和 NS 同意的第三方服务提供商进行传输。托运人和 NS 将负责其第三方供应商的 EDI 和其他不作为，包括违反保密性。

3. 多式联运提单

在提单上，一般术语"承运人"和"诺福克南部"是指诺福克南方公司的特定子公司，该子公司提供本文所述的铁路运输，而不是诺福克南方公司本身。

提单所证明的合同包括本合同规定的条款和信息。诺福克南方公司《豁

免多式联运规则通知》中包含的所有条款和条件,表明托运人承认已阅读或已收到该通知的副本,任何承运人代表都无权更改任何条款和条件,并要求同意不适用其他条款和条件。

托运人承认它是通知中所述的"铁路服务买方",并具有通知中所述的"铁路服务买方"的所有责任和义务。

除本通知另有规定外,双方采纳经美国地面运输委员会批准的统一提单的所有条款和条件,且这些条款和条件在装运时生效。双方承认并同意,装运时美国地面运输委员会所包含的统一提单应作为统一提单条款和条件的证据。

三、加拿大国家铁路集团(CN)

加拿大国家铁路集团(CN)是一个集合了许多已营运多年的中小型铁路公司的现代联合企业,经营加拿大第一条连接大西洋和太平洋海岸的铁路线路。该公司在北美地区的经营范围包括遍及北美大陆及各大港口的铁路服务,铁路干线横跨北美,东起大西洋海岸,西至太平洋海岸,南达墨西哥湾,覆盖面在北美独一无二。

CN打造了线上平台,可以实现多式联运客户在线跟踪、查询运载单元信息、预订出口订单、执行轮船放行、在线打印海关舱单和运单等功能。

1. 跟踪、查询运载单元信息

托运人和收货人通过输入35in(1in=0.0254m)集装箱的首字母和编号,可以查询单个集装箱的状态信息,包括装运信息、种类、地点、起讫地信息等。

如果有费用到期,客户可以在查询结果界面支付仓储费。铁路提货单上的托运人或收货人还可以收到提货号码。

2. 在线打印海关舱单

可以同时选择 5 个以内已经到达或者即将到达的集装箱打印海关舱单。

3. 在线打印运单

可以同时选择 10 个以内集装箱打印运单信息，运单录入 CN 平台数据后，即可进行打印。

4. 在线打印记录报告

可以在线打印车队库存、预期运载单元、出站和行程记录等报告。

5. 跟踪订单

使用日历或订单号可按日期范围跟踪订单信息，以监控订单状态。平台可显示的订单状态包括：部分完成、取消、执行中（已确定交付计划和指定驾驶员）、提交中（尚未被 CN 通过的订单）、接受（有足够舱位可供应，被 CN 通过的订单）。

如果有多个具有相同发货人指定发货编号的需求，可使用"参考编号"选项跟踪该参考编号的所有集装箱信息。

6. 装备列表

使用装备列表功能，可以查询所有装备信息，包括场内装备、入场装备、出场装备和历史记录等。

四 美国 JB 亨特运输服务公司（J.B. Hunt）

美国 JB 亨特运输服务公司（J.B.Hunt）是由约翰尼布莱恩亨特创立的一家货车运输公司。J.B.Hunt 年均收入 20 亿美元，是美国几大货运公司巨头之一。公司主要业务方向为大型双轮拖车，并提供横跨美国、墨西哥和加拿大的运输服务。公司员工数已超过 16000 名并有超过 11000 辆营运货车，以及超过 47000 个拖车和集装箱。1989 年，J.B.Hunt 与铁道部门联手进行多式联运。如今，公司40%的收入与50%的利润来自于多式联运。

J.B.Hunt推动多式联运单证的线上化，将提单（BOL）和交货证明（POD）数字化，可以通过设备、二维码、电子邮件和应用程序编程接口（API）实现对接，让客户可以快速上传和接收最终的数字单证，而无须保留纸质文件进行记录。通过使用数字单证，可以实现：

（1）降低成本，即无须追踪文书工作即可获得下游客户的付款。

（2）更快地处理，即借助API技术，客户可以快速上传和接收最终的数字副本。此外，无须上传纸质文件进行记录。

（3）更安全，即通过API共享电子BOL和POD，可最大限度地减少在负载生命周期内丢失文书工作的机会。

电子提单（eBOL）业务流程如下：

（1）当驾驶员到达时，提议通过电子邮件或二维码向接收者发送eBOL。如果您是接收者，请在驾驶员到达您的设施时申请eBOL。

（2）驾驶员将在eBOL上输入进/出时间，并输入收件人的电子邮件地址或生成二维码。

（3）电子邮件到达收件人的收件箱后，收件人应打开电子邮件并单击链接以访问eBOL或扫描代码。

（4）在查看并验证eBOL上显示的进/出时间后，接收者只需点击几下即可实现电子登录。如果需要更改eBOL上显示的时间，接收者可以直接与驾驶员讨论更改。驾驶员可以使用eBOL上列出的商定时间重新发送电子邮件。

（5）收到电子签名后，驾驶员将收到确认信息。

（6）签名的交付证明（POD）会自动发送到同一电子邮件地址。

五、马士基集团（Maersk）

1. 关于多式联运业务的提单条款

承运人责任（多式联运）。如果运输组织方式是多式联运，承运人承诺履行和/或以其自身名义取得从收货地或装运港（以适用的为准）到交货地或卸货港之间的运输。承运人对适用时点之前或之后发生的货物损失或损坏不承担任何责任，且承运人应仅在以下条款规定范围内对运输中发生的损失或损坏承担责任。

6.1 如不了解损失或损坏在哪一运输阶段发生。

（a）如果此损失或损坏是由以下原因引起的，承运人将不承担任何责任：

（i）货方或其代理人（而并非承运人、其服务人员、代理人或分包商）的作为或不作为；

（ii）遵循任何有权作出指示之人的指示；

（iii）包装或标记不足或有缺陷；

（iv）由货方或其代理人对货物进行搬运、装载、堆装或卸载；

（v）货物固有缺陷；

（vi）任何原因引起的局部或全体性罢工、闭厂、停工或劳工限制；

（vii）核事件；

（viii）承运人采取合理措施亦不可避免的任何原因、事件及其无法阻止的后果。

（b）如果损失或损坏是由第6.1条中规定的一个或多个原因或事件所导致，则举证责任应由承运人承担。但是，如果有任何证据表明损失或损坏的发生可归因于第6.1（a）（iii）（iv）或（v）中规定的一个或多个原因或事件，则应推定为事实如此。然而，货方有权证明全部或部分损失或损坏事实上并不是由一个或多个以上原因或事件造成的。

6.2 尽管有第6.1条之规定，当知道货物损失或损坏是在哪一运输阶段发生时，承运人对此损失或损坏所承担的责任应基于《海牙规则》第18条，按以下方式确定：

（a）如果已知损失或损坏不是在以美国为出发地或目的地的海上运输途中发生，或不是在美国的水路运输中发生，应依照《海牙规则》第1~8条确定。《海牙规则》条款应作为合同条款适用。

（b）如果已知损失或损坏不是在任何美国内陆运输途中发生，应依照对发生损失或损坏的货物有保管权的任何内陆承运人的运输合同或费率表确定，或依照第6.1条和7.2（a）条确定，以对承运人施加较轻责任者为准。

（c）在进行以美国为出发地或目的地的货物运输时，如果已知损失或损坏是在以美国为出发地或目的地的海上运输途中发生，或是在美国的水路运输中发生，或在装运港装船之前或在卸货港向内陆承运人交货之前，在以集装箱堆场或集装箱货运站为出发地或目的地的运输途中发生，则按照美国COGSA条款确定。

（d）如果已知损失或损坏是在任何美国内陆运输途中发生，则依照对发生损失或损坏的货物有保管权的任何内陆承运人的运输合同或费率表确定，或按照美国COGSA条款确定，以对承运人施加较轻责任者为准。

第七条 赔偿规定

7.1 在始终基于本文规定的承运人有权利限制责任的前提下，如承运人有责任就货物损失或损坏作出赔偿，则该赔偿的计算应参考货物价值加上运费和保险费（如已付）。货物价值应参考商业发票、海关申报、任何当前市场价格（在其交付或本应交付的地点和时间）、生产价格或相同种类和/或质量的货物的合理价值来确定。

7.2　除第 7.3 条规定外：

（a）在任何情况下，承运人的责任决不能超过丢失、损坏或发生任何性质的索赔的货物按货物毛重每千克 2 特别提款权，除非第 7.2（b）条适用。

（b）对于以美国为目的地或出发地的运输，承运人和/或船舶的责任不应超过每件或每一运输单位 500 美元，或按照第 6.2 条给予的任何较低的责任限制。

7.3　货方同意并承认，承运人不了解货物的价值，仅在发生以下情形且取得承运人同意时，方可提出高于本提单中规定赔偿的索赔：

（a）对于出发地是美国的多式联运，在美国的内陆运输时，货方选择通过预付额外运费以避免本条款中规定的任何责任限制，以及遵循承运人的费率表以选择《Carmack 修正案》项下之完全责任。

（b）在其他全部情形下，托运人申报，且承运人说明托运人在向承运人交货时所申报的货物价值，已在本提单背面"申报价值"项下标明且额外增值费用已付。在该情况下，所申报的货物价值之金额应替代本提单规定的限额。任何部分损失或损坏应根据此申报价值按比例调整。

7.4　本提单任何内容均不应限制或剥夺承运人由任何国家的适用法律、法令或法规所赋予的任何法定保护、抗辩、异议或责任限制。承运人应如同任何运输船舶之船东，拥有上述法律、法令或法规所赋予之利益。

22.1 本提单中提及货物到达通知仅供承运人参考。未能发出此类通知不应使承运人承担任何责任,也不免除商家在本协议项下的任何义务。

22.2 商家应在承运人适用的运价表规定时间内提取货物。如果商家未能按时取货,承运人可以在不通知的情况下拆开装在集装箱中的货物,并将货物存放在岸边、水上、露天或地下,由商家自行承担风险。

22.4 如果货物在合理时间内无人认领,或在承运人认为货物可能变质、腐烂或变得毫无价值,或产生储存费用或其他超出其价值的费用时,承运人可自行决定且无须损害可能对商家享有的任何其他权利,恕不另行通知,且可以不承担任何责任地出售、放弃或以其他方式处置货物,风险和费用由商家全权承担,并应用任何销售收益来减少商家欠承运人的款项。

22.5 商家拒绝根据本条款接收货物,或减轻货物的任何丢失或损坏,应构成商户对承运人放弃任何与货物或其运输有关的索赔。

24.5 承运人可以全权酌情决定以整箱货物的形式接收货物,并以低于整箱货物的数量和/或散装货物的形式交付货物和/或将货物交付给一个以上的收货人。在这种情况下,承运人不对在集装箱开箱时发现的任何货物短缺、丢失、损坏或差异负责。

另外,第二十六条法律与管辖权中还规定:

无论是以美国为出发地或目的地的货物运输,与本提单有关的任何争议应受美国法律管辖,纽约南区的美国联邦法院对所有相关争议之审理有独家管辖权。在所有其他情况下,本提单应受英国法律管辖并依其解释,因此引起的所有争议应由设于伦敦的英国高等法院管辖,其他国家的法院均无管辖权。此外,承运人可自行决定在货方营业地的管辖法院向货方提起诉讼。

2. EDI 解决方案

EDI 作为一种通信方式，通过集成大量的系统标准化企业间的交互，使得企业间以更具成本效益的方式进行交易，提高交易的准确性和速度。同时，EDI 将系统衔接在一起，便于客户在运输过程中对货物的管理。

第五节 借鉴与启示

一、市场需求是多式联运"一单制"发展的基础

从历史发展来看，多式联运单证规则、交易规则、运输规则以及单证物权化等是起源于海洋贸易的发展，在旺盛的市场需求和企业发展需求下产生的，并以市场需求为导向，围绕便捷高效、经济成本等因素进行市场演变。专业化分工的进一步精细化、全链条物流运行的进一步高效化，对各环节的运行效率提出了更高要求，多式联运"一单制"、电子提单等应运而生。

从实践看，市场需求的增长点在哪里，市场的创新就集中在哪里。伴随我国西部大开发、"一带一路"等重大战略实施，内部地区发展提速，铁路运输的物权属性建设直接关系到市场需求和战略落地，因此，各地纷纷探索铁路运单的物权化和金融化，探索制定例如 CIFA 提单等，以与国际多式联运单证良性衔接。

从企业动力看，在我国电子面单的推广过程中，企业对于加速快递流通运行，降低物流成本，加强对上游货源、下游加盟企业等渠道管控的诉求不断增加，因此，电子面单得到快速应用和发展，仅菜鸟物流在"十三五"期间就已经累计服务 800 亿个包裹，节约纸张 3200 亿张，帮助全行业节约成本 160 亿元。

从技术驱动看，为推动中欧班列多式联运提单发展，控货能力是金融机构和国际组织最为重视的；在需求驱动下，海关和铁路共用的"关铁通"电子锁，利用区块链技术搭建全流程贸易平台，实现各参与方信息合规、透明、可追溯等技术装备加快研究应用，有力促进了"一单制"发展。

因此，要立足市场需求，对于外贸运输，重点响应企业以铁路运输为主的多式联运单证金融化诉求，推动多式联运提单发展，不断破解企业控货、多式联运经营人签发资质、相关法规制定和国际衔接中的问题；对于内贸运输，因为运输时间总体较短，单证金融化需求不强烈，要聚焦行业单证体系不互认、业务流程复杂、单证填报重复繁琐等痛点难点，解决多式联运运单制定和推广应用问题。

二、龙头企业是多式联运"一单制"发展的主体

欧美国家和地区均通过放松管制改革，减少了国家对运输业的控制和约束，推动运输业更接近于自由市场的体系，激发了市场主体活力，进而有力推动了服务创新、技术创新和规则创新。

从国外经验看，美国多式联运的市场主体按业务特点，可大致划分为多式联运营销企业（Intermodal Marketing Company，IMC）、海运主导的联运企业、铁路主导的联运企业、航空主导的联运企业、汽车承运人以及设备租赁公司，其中多式联运营销企业是美国国内多式联运链条的主要组织者。多式联运营销企业是独立于铁路公司的第三方经营主体，代表铁路公司向货主提供一体化多式联运服务，而铁路公司主要作为次级承包商，专注于提升铁路运输效率和服务水平。在铁路多式联运链条中，货运企业主要负责两端的取送作业。从市场主体发展演变进程看，一方面，美国多式联运是在政府放松运输业管制后迎来快速发展期，企业加快并购和拓展

运输链条步伐，综合性运输企业快速成长，大批多式联运经营人和代理人不断涌现且发展尤为迅速，多式联运服务质量在竞争中得以不断提升。另一方面，随着经济发展对物流服务综合性、准确性、可靠性的要求不断提高，多式联运市场集中度不断提高，美国铁路货运企业从 1980 年的 33 家减少为了七大铁路货运企业格局；公路运输历经淘汰重组，形成了数家拥有数万辆车辆资产的大型企业；快递业则形成了 UPS 和 FedEx 等国际著名大型企业。美国全国约有 4.5 万家多式联运企业，他们均可签发"联运提单"，提供全程联运服务。目前，美国前五大国内多式联运供应商占据了 50% 的多式联运市场，均拥有强大的集装箱船队或车队、各类集装箱、集装箱码头、拖挂车和集装箱内陆中转站等设施设备，建立了覆盖全球的分支机构、代理机构，并配备了运输设备，为发展国际集装箱多式联运奠定了坚实的基础。

欧盟多式联运市场主体多为铁路主导的联运企业。自 20 世纪 90 年代欧盟实施铁路自由化改革政策以来，铁路运输行业以及多式联运市场的竞争性得到改善，包括船公司、场站经营业者、港务局在内的许多经济主体都陆续参与到多式联运业务中来。企业联盟和多方参与是欧盟多式联运市场主体的重要特点。欧洲公铁联运企业国际联合会（UIRR）是一个企业联盟，其"会员家族"是欧洲地区运量最大的多式联运经营者，在欧洲整个联合运输中完成的运量比例已占 65%；近年来，加入联盟的公司成员数量持续增加，运输业务不断增加。

可以看到，多式联运龙头骨干企业是"一单制"制定的主体、应用的主体、推广的主体。

（1）欧美发达国家多式联运单证规则均是由龙头骨干企业发起，并通过行业协会组织、政府进一步规范，从而形成行业规范。

（2）美国、欧盟铁路市场化程度较高，多式联运龙头骨干企业实力突出,具备整合各种运输方式企业的能力,有利于推进统一的服务规则、制定规范的单证标准、构建有效的服务链条,无论是传统多式联运单证还是电子单证,都能够有效推行。

(3)由于多式联运骨干企业规模化、网络化、综合化、专业性程度高,推行统一单证,能够有效带动多式联运全产业链上下游关联企业统一应用,从而实现整个市场的迅速规范和发展普及。

三、电子单证是多式联运"一单制"发展的方向

根据国际国内多式联运单证演变历程可以看出,多式联运单证体系的发展与技术革命、经济贸易、市场需求密切相关。进入信息革命时代,多式联运单证数据化和电子化已经成为显著趋势,大大降低了信息传输和沟通成本,满足了高效、经济、便捷的市场需求。

从国内市场看,公路货运交易信息化已经非常普及,货车驾驶员几乎人手1~2部手机;铁路企业近年来大力推进电子客票、电子货票,基本实现全覆盖;航空货运、内河水运均在积极推动电子单证的发展;海运企业积极推进数字化转型,中远海运集团联合法国达飞海运集团、中远海运港口有限公司、赫伯罗特货柜航运公司、和记港口集团、东方海外货柜航运有限公司、青岛港集团、PSA国际港务集团和上海国际港务集团等企业,成立全球航运商业网络(GSBN)区块链联盟,推进数字航运发展。

从国际市场看,联合国贸易和发展会议和国际商会于1991年制定的《1991年国际商会关于多式联运单证的规则》明确指出,多式联运单证是指证明多式联运合同的单证,该单证可以在适用法律的允许下,以电子数据交换信息取代,而且可以以可转让方式签发,或者表明记名收货人,以不可转让方式签发。同时,美国海上货物运输法(CSGSA)、印度多式联

运法案等，都提出"电子提单可根据提单当事人间约定的程序使用"等相关规定。美国政府从1992年起，采用EDI技术办理海关业务，如不采用EDI技术，其海关手续将被推迟办理，或参与方不再被选为贸易伙伴，美国的伯林顿北方铁路公司、圣太菲铁路公司、南太平洋铁路公司、联合太平洋铁路公司等，应用EDI技术，可接受联运提单、传输舱单信息、车辆和集装箱位置的实时追踪信息、运费支付信息、海关报关检关信息、现款过户信息等，还可为多式联运用户提供询价和查询等服务。在西雅图港，由于采用了EDI技术，到港的集装箱卸船后仅用5个小时便可在铁路车站开出一列集装箱直达列车。美国联合太平洋铁路公司在1990年投入运用的运输管理系统，设立了用户服务中心，能在用户办理货物承运之时即可得到货物的发到日期信息，用户呼叫可在26s内得到答复，大大提高铁路的服务水平和市场竞争能力。同时，欧盟发达国家骨干企业都积极发展多式联运电子单证，推动多式联运信息化、数字化、智慧化发展。

因此，随着区块链、大数据、云计算、人工智能、5G等新技术的进一步发展应用，多式联运单证电子化进程还将不断加快，并进一步带动多式联运全流程业务管理的优化和办理效率、服务质量的提升。

四 标准规则是多式联运"一单制"发展的关键

通过国内外经验的梳理分析可以发现，无论是快递电子面单的标准，还是国际多式联运提单的标准，标准化程度高、相关规则设定总体规范严谨。而我国目前在多式联运运单方面，虽有标准但应用不足、适应性不强；在多式联运提单方面，成都、重庆、山东、广西等地在多式联运提单应用实践中，也存在标准规则不尽统一的问题，不利于未来推进我国多式联运提单国际认可，究其原因，是缺乏统一规范的、运行成熟、与国际规则有效衔接的标准规则。

多式联运单证标准化,必须以标准流程、标准契约规则、标准信息语言以及标准装备、标准服务为前提。事实证明,快递电子面单在推广初期,由于缺乏统一标准,市场主体繁杂、各网点系统不一,推广受阻;当菜鸟网络联合14家企业推出公共电子面单平台,统一行业标准规则之后,电子面单的推广形成了泉涌之势,迅速普及。因此,面向市场需求,需要积极探索创设基于国际铁路、一体化标准化的多式联运提单规则体系,探索适应内贸运输的多式联运运单体系。

(1)从规则上支撑"一带一路"互联互通,提升运输、通关等环节的便捷性、安全性,提高物流效率,也为延伸其金融等功能奠定基础。

(2)加快提高多式联运交接转换效率,提高业务作业熟练程度。同时,要实现"一单制",还需要构建完善的信息交换机制,推动社会对多式联运认识的不断提高、物流业改革的继续深化和管理机制的不断完善,才能为不同运输方式间的信息开放、业务融合,以及各物流行业企业的发展提供基本的保障条件,形成良好的发展市场环境。

因此,要构建便捷普适的多式联运单证规则体系,适应货物"一次委托、一次结算、一张单证、一次保险"发展需求。单证标准化等无形规则的对接,是支撑贸易通道可持续发展的重要条件,也是探索国际贸易新规则的主要内容。

五 法律法规是多式联运"一单制"发展的保障

通过对国际多式联运单证规则发展历程的系统梳理,可以明显看到,欧美发达国家高度重视法律的制定和完善,通过建立完善法规来规范多式联运市场发展,先后制定《国际商会联运单证统一规则》《1980年联合国国际货物多式联运公约》《1991年多式联运单证规则》《海牙规则》《维斯比规则》《汉堡规则》《鹿特丹规则》等,对多式联运单证内容,托运人、多式联运经营人、多式联运实际承运人等主体的权利义务、风险责任以及纠纷处置等都作出了详细规定。

反观我国,目前关于多式联运领域的法律法规仅有《海商法》《民法典》,且《海商法》脱离了海运参与的多式联运即不具有约束性;两部法律相关条款中,对多式联运单证等的规范并不完善,具体细则也未出台,类似物权属性等问题并未有明确界定;社会呼吁强烈的《多式联运法(条例)》《综合运输促进法》等迟迟难以推进;同时,从单一方式看,《中华人民共和国道路运输条例》等单一运输方式法规对多式联运领域缺少相关规定及衔接,导致我国多式联运"一单制"发展缺乏有效的法规制度保障。由此可见,完善的法律法规,是确保多式联运"一单制"行稳致远的关键保障。

CHAPTER 4 第四章

多式联运"一单制"发展总体思路

多式联运"一单制"发展研究

"十四五"时期是我国科学把握新发展阶段、贯彻新发展理念、构建新发展格局的关键五年,也是全面推进交通强国建设的第一个五年。本章对影响多式联运"一单制"发展的国内运输市场的构建、国家重大战略的实施、新发展格局的建立等形势要求进行总结,并据此对多式联运"一单制"推进思路、推进原则、推进重点等进行分析。

第一节　形势要求

在党的十九届五中全会上,习近平总书记深刻指出:"我国发展仍然处于重要战略机遇期,但机遇和挑战都有新的发展变化"。在新时期新阶段,多式联运发展将面临的一系列新形势新任务,对多式联运"一单制"发展更是提出了新的更高要求。

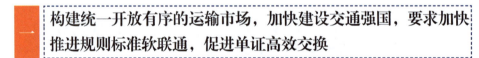

一、构建统一开放有序的运输市场,加快建设交通强国,要求加快推进规则标准软联通,促进单证高效交换

2020年11月14日,习近平总书记在全面推动长江经济带发展座谈会上特别强调,要构建统一开放有序的运输市场。统一开放的交通运输市场是全国统一大市场的重要组成部分,是贯通生产流通消费环节、推动内外循环良性互动的重要纽带。要打破运输市场的方式间、地域间的限制,全面对内对外开放,切实实现国内运输市场的统一及与全球运输市场的一体融合,推动市场主体在国内国际市场规则下有序竞争,为经济社会发展提供高效、高质量的多式联运服务。不同运输方式间制度、信息、规则、管理体制机制等依然存在制度壁垒,既要推动基础设施硬联通,也要推进规则标准软联通。对于多式联运"一单制"而言,制度规则和体制机制壁垒是制约"一单制"发展的突出问题。面向构建统一开放有序的运输市场建设要求,要加快推进铁路市场化改革,促进铁路数据开放,加快铁路、港口、海运、航空等企业之间信息互通,推动不同运输方式间运输管理要求、货物品名代码、运价运行机制、保险金融制度等有效连通、高效衔接,为推进多式联运"一单制"发展创造基础。

二、服务国家重大战略实施,构建开放型经济新体制,要求加快推进单证物权化创新,推动中国标准规则走出去

当前世界经济贸易格局深度调整,围绕价值链的国际分工角逐深化。顺应新的国际形势,我国提出以"一带一路"为核心构建全方位对外开放新体制,对于促进世界各国间的产能合作、互联互通,构建全球化、开放型、包容性的全球发展体系具有重要意义。推进"一带一路"建设,对我国对外开放区域结构转型、中国要素流动转型和国际产业转移,以及国际经贸合作与经贸机制转型提供了重要机遇,也是提高国内各区域开放水平,拓展对外开放领域,推动制度型开放,构建开放型经济新体制的必然要求。因此,"一带一路"建设要求重塑国际经济贸易新格局,立足我国自身产业基础和市场优势,依托国际多式联运组织方式,强化联运与金融结算、贸易规则、服务标准等深度联动,将国际多式联运作为积极搭建以我为主导的国际贸易新规则以及国际经济合作新平台的重要手段之一。在此背景下,以中欧班列为代表的多式联运发展,是"一带一路"建设的重要载体。由于我国从封建社会以来海洋贸易的缺失,缺乏海洋经济的基础,也导致物权属性未能很好地承接。伴随我国西部大开发、"一带一路"等重大战略实施,内部地区发展提速,铁路运输的物权属性建设直接关系到战略落地,迫切需要对标成熟的海运贸易规则,探索创设以国际铁路为主的多式

联运单证规则，推动联运单证一体化和物权化、金融化，破解基于单证的陆路贸易融资难题，提升运输便利性、贸易融资可获得性，助力国内经济更好融入和服务"一带一路"建设，加快推进内陆与沿海沿边沿江协同开放，推动商品和要素流动型开放向规则等制度型开放转变，带动开放型经济发展。同时，稳步拓展单证的境内外区域和货物应用面，提升"一单制"新模式的国际认可度，逐步引领构建国际贸易新规则，推动中国服务、中国标准、中国规则以及人民币走出去。

三、服务构建新发展格局，构建现代流通体系建设，要求加快多式联运运单推广应用，提高多式联运效能

推动形成以国内大循环为主体、国内国际双循环相互促进的新发展格局，是与时俱进提升我国经济发展水平的战略抉择。在习近平主持召开的中央财经委员会第八次会议上，会议明确指出："建设现代流通体系对构建新发展格局具有重要意义""高效流通体系能够在更大范围把生产和消费联系起来，扩大交易范围，推动分工深化，提高生产效率，促进财富创造。国内循环和国际循环都离不开高效的现代流通体系"。交通运输连接生产和消费两端，是现代流通体系的基础依托；多式联运能够打通物流环节、衔接运输方式、提升物流效率，是现代流通体系的重要支撑。例如，我国规划建设的西部陆海新通道覆盖西部12个省份、沿线3.8亿人口，业务辐射95个国家和地区的249个港口，已成为我国西南地区通江达海的现代流通大动脉。在此背景下，要加快多式联运运单推广应用，推动多式联运"一单制"发展，促进多式联运提档升级，不断提高互联互通水平、货物中转效率，有力提高循环效率，加快建设现代流通体系，为国内大循环和国内国际双循环提供交通运输保障。

四 落实碳达峰、碳中和目标任务，加快数字中国建设，要求积极发展多式联运电子单证，推动多式联运数字化

习近平总书记在2020年12月气候雄心峰会上宣布："到2030年，中国单位国内生产总值二氧化碳排放将比2005年下降65%以上"。党中央、国务院先后印发了《关于完整准确全面贯彻新发展理念做好碳达峰碳中和工作的意见》和《2030年前碳达峰行动方案》，对碳达峰、碳中和作出了明确部署要求。交通运输是碳减排的重点领域，美国经验表明，货车运输转为铁路运输后，可减少碳排放50%以上。欧盟自2018年提出"多式联运年"后，提出将2021年设为"欧洲铁路年"，通过实施一揽子政策措施提高铁路竞争优势，支撑2050年碳中和目标实现。实践证明，通过调整运输结构和发展多式联运，促进温室气体与大气污染物协同减排，已成为世界各国交通运输绿色低碳发展的必然选择。同时，《中共中央关于制定国民经济和社会发展第十四个五年规划和二〇三五年远景目标的建议》中进一步明确，要走创新驱动战略，加快数字中国建设，推进数字产业化、产业数字化。2020年12月，欧洲议会、欧洲理事会、欧洲经济和社会委员会联合发布的《可持续和智能交通战略——让欧洲交通走上未来的轨道》战略发布，提出要推动不同运输方式间数字化互联，实现多式联运全程追踪；同时提出要制定多式联运数字解决方案，将从2024年8月起，通过电子货运信息的法规（EU 2020/1056）促进运营商和政府之间在数字平台上交换监管信息，并至少解决上述标准文件和电子文件交换的部分问题。在此背景下，要求交通运输行业认真贯彻落实党中央、国务院要求，顺应国际发展趋势，加快多式联运电子单证制定推广，提高多式联运运作效率和服务质量，培育多式联运数字化新业态，进

一步压缩冗余环节,减少纸质单证产出,为碳达峰、碳中和目标落实和多式联运数字化升级提供有力支撑。

五、推进治理体系和治理能力现代化,要求进一步建立健全多式联运相关法律法规,提供坚实制度保障

党的十九届四中全会提出了坚持和完善中国特色社会主义制度、推进国家治理体系和治理能力现代化的重大决定,十九届五中全会提出了到2035年基本实现国家治理体系和治理能力现代化的宏伟目标,要求进一步完善各方面体制机制,加快补齐治理体系的短板和弱项。"十四五"时期,交通运输领域短期矛盾和长期矛盾相互叠加,新旧动能、产业形态加速融合转换,国内外各种潜在的风险和困难此起彼伏,行业改革发展依然处于矛盾凸显期、改革攻坚期、发展关键期。对多式联运而言更是如此,目前,多式联运发展尚处于起步阶段,标准规范不完善,规则管理不衔接,制度法规不健全,体制机制不顺畅等问题依然突出,"一单制"发展存在障碍。为此,必须创新多式联运领域治理思维和方式方法,加快推进综合交通运输体制改革、理顺运输管理运行机制,加快完善政策法规和标准规范体系,优化营商环境,加快构建行业治理新格局,为多式联运"一单制"发展提供有力保障。

第二节 推进思路与目标

以"一单制"推动引领多式联运和综合交通运输提质增效,支撑和引领经济转型升级发展,立足全球视野,服务构建新发展格局,以战略空间拓展、系统效率提升和有效需求满足为导向,以提质、降本、增效为核心,充分运用现代信息技术手段,构建符合我国国情特点、阶段特征和战略需要的多式联运"一单制"体系。

一、推进思路

贯彻落实党中央、国务院关于推进多式联运高质量发展部署要求，建立开展多式联运"一单制"专项推进工作，围绕建立推广"一次委托、一单到底、一次结算、一次保险、全程负责"的一体化"门到门"多式联运服务模式，利用现代信息技术手段，统一单证规则标准，完善多种运输方式互信、互认、互通机制，发展多式联运经营人，打造多式联运产业生态圈，探索建立贸易物流金融新规则，提高我国内贸多式联运运行效率和服务质量，极大提升国际物流控制力和国际经济话语权。

加强各种运输方式组织衔接以及多式联运组织与供应链组织、产业链组织、价值链组织之间的标准化、全流程、一体化匹配和衔接。一是对接运输方式组织衔接要求，充分发挥综合交通运输优势。二是高效对接物流供应链，推进交通运输与供应链融合发展。三是全面对接产业链运行组织，支撑和引领产业转型升级。四是对接全球价值链分工组织，打造国际物流与贸易新规则，创造国际产业竞争新优势。

二、推进原则

1. 问题导向、需求驱动

针对制约多式联运"一单制"中单证互认、信息共享、物权属性等主要问题，紧扣"一票到底"的行业现实需求，把握发展趋势要求，充分利用现代信息化手段，完善信息交换机制和模式，加快补齐标准规则制度短板，提高多式联运全程运作效率效益，探索国际物流与贸易新规则。

2. 多方参与、政企协同

充分发挥企业在多式联运单证制定和推广应用中的主体作用，更好发挥政府在完善制度规则、营造统一开放市场环境中的积极作用。探索依托既有渠道建立"一单制"推进部际协调机制，引导建立企业发展联盟，吸引货主、企业、协会、研究机构多方参与，挖掘和释放"一单制"需求动力，协调和满足多方利益诉求，充分调动各方积极性和主动性，完善"一票到底"生态体系。

3. 创新引领、科技赋能

创新国际规则标准体系，优化工作推进路径，在承认现有法律法规和国际公约，以及企业在用物流单证的基础上，一方面，归纳和提炼多方互认的物流单证基本要素，构建统一规范的电子赋码制度，形成单证信息交换机制；通过电子标签码串联单证信息，形成包含货单基本信息的唯一电子身份，在物流全程实现互通互认和实时共享。另一方面，完善国际铁路运输单证和多式联运单证物权化、金融化创新改革。

4. 稳中求进、试点先行

稳妥有序推进多式联运"一单制"改革，依托多式联运示范工程、自由贸易试验区等平台，开展内外贸相结合、运单提单相结合、线上线下相结合的试点示范；联合多部门，探索设立多式联运"一单制"试点专项行动，选择行业内已经开展"一单到底"实践探索、信息化建设较好、有成熟运作体系和一定行业影响力的物流企业进行专项试点，给予政策支撑。

三 推进目标

争取用3~5年时间，基本形成国家多式联运"一单制"制度体系，在国内多式联运电子运单、国际多式联运（电子）提单方面取得明显进展，培育形成一批具有国内外全程组织能力的多式联运经营主体，全流程组织标准和制度建设取得突破，试点示范企业应用"一单制"的多式联运业务中综合占比超过50%，运输效率显著提升，全社会运行成本明显下降，综合效益大幅提高，对经济提质增效、产业转型升级的支撑带动作用明显增强。

争取 5~10 年时间，基本建成符合我国国情特点、具有中国特色的多式联运"一单制"制度体系，国内多式联运电子运单应用比例超过 90%，国际多式联运提单物权化法规制度基本建立，在"一带一路"以铁路为主的运输贸易中应用比例超过 50%，为我国经济社会发展、更好融入全球市场，构筑以我为主的国际经贸合作规则、提升国际竞争力提供战略支撑和先导引领。

1. "一单制"服务规则基本形成

研究制定完善内外贸融合的多式联运的运营单证、信息交换、结算支付、保险理赔等技术标准和服务规范，铁路运单和多式联运提单物权化制度基本建立，在"一带一路"国家推广应用，多式联运电子单证技术体系基本建立并广泛应用。

2. 多式联运运营组织更加高效

以铁路和水运为重点，联运互信、互认、互通机制初步建立，实现铁路和海运流程互信、单证互认、数据互通，打造铁海联运全程一体化服务体系，提升"门到门"一体化服务水平。

3. 货运物流与贸易金融更加融合

积极推动以物流、贸易、金融、保险等全产业链融合发展为导向的国际多式联运"一单制"改革创新，金融业务流程标准基本建立，服务保障体系基本建立，在"一次保险、全程保障"方面取得积极成效。

4. 多式联运市场环境不断优化

法规制度更加完善，支持政策精准有效，市场活力进一步释放，"一单制"在国内开行地区和国际通道沿线全面推广，多式联运市场主体进一步发展壮大，培育形成一批具有国际竞争力的多式联运企业。

第三节 推进重点与步骤

一、推进重点

结合市场需求和发展目标,建议按照"明确一个目标、建立两套体系、推进两个单证、打通三个环节"的思路推进。

1. 明确一个目标:建立多式联运"一单制"单证体系、服务体系、制度体系、生态体系

优化完善标准化单证格式内容,建立"一次委托""一次保险""一单到底""一次结算"的全程服务模式,探索建立贸易物流金融新规则,稳步提升和完善多种运输方式联合承运互信、互认、互通机制,推动完善国际国内陆上贸易相关法律细则和贸易物流金融规则,建立货主、物流企业、金融保险企业、平台企业等全面参与、共建推进的生态圈。

2. 建立两套体系:"多式联运运单+内陆集装箱"内贸多式联运体系;"多式联运提单+国际集装箱"外贸多式联运体系

(1)内贸多式联运体系,是指建立以多式联运运单(主要为电子运单)为单证载体,以内陆集装箱(系列1、系列2集装箱)为标准化运载单元的多式联运体系。考虑到国内多式联运运输时间较短、相比国外效率较高、运输过程控货较为复杂,故短期内单证金融化需求不旺盛,重点以推进多式联运运单为主,优化各方式间联运流程和作业效率、压缩冗余环节,提高多式联运质效。

(2)外贸多式联运体系,是指建立以多式联运体系为主要单证载体,以国际标准箱(系列1集装箱)为标准化运载单元的多式联运体系。考虑到以海运为主的多式联运及多式联运提单已经比较成熟,且目前需求量大、探索多、战略支撑显著的方式为以铁路为主的"一带一路"多式联运，故重点解决铁路运单和多式联运提单金融化、物权化问题。

3. 推进两个单证：内贸多式联运重点推进多式联运电子运单；外贸多式联运重点推进多式联运（电子）提单

（1）内贸多式联运重点推进多式联运电子运单，适宜场景下，也可以发展多式联运提单，可直接利用外贸多式联运提单体系。纸质单证已无必要，业务流程上改"拆墙"为"架梁"，利用信息技术，推动多式联运单证信息互联、互通，推广多式联运电子单证，加快区块链等技术应用。

（2）外贸多式联运重点推进例如 CIFA 多式联运提单，积极推进电子提单发展，与周边国家互联、互通。以"物权化"为核心，推动单证融资，鼓励银行、担保、供应链金融等各类金融主体参与，共建多方协同、风险分担的陆上贸易融资新机制。

4. 打通三个环节：推动信息数据互联、互通；推动服务规则衔接互认；推动法规标准建立健全

（1）推广电子单证的关键，在于信息的互联、互通；当前制约多式联运发展的瓶颈，也是信息阻隔联通困难。因此，要把打破信息壁垒作为推进重点，推进铁路、港口、航空、水运等企业信息互联，加强政府部门必要公务信息互联。

（2）推进服务规则衔接互认，健全多式联运"一单制"标准规则体系。加快推动综合运输与多式联运标准制定，研究解决不同运输方式在票证单证、货类品名、危险品划分、包装与装载要求、安全管理、保险理赔、责任识别等方面衔接统一问题。

（3）推动法规标准建立健全。目前法律法规不完善，缺少法规支撑是突出问题，同时相关标准也不健全，有些处于空白，有些并不适用，亟须完善政策、法规、标准、规范等体系，为多式联运"一单制"发展夯实基础。

二 推进步骤

1. 方案制订阶段（2022年1月至2022年6月）

结合《推进多式联运发展优化调整运输结构行动方案(2021—2025年)》推进落实工作，起草《推进多式联运"一单制"试点工作方案》，联合国家发展改革委、商务部、中国国家铁路集团有限公司、生态环境部、中国银行保险监督管理委员会等部门，完善工作方案，明确试点目标，指导承担试点任务的部门和企业制订具体实施方案。

2. 试点探索阶段（2022年6月至2023年12月）

明确试点方式，拟订试点流程，按任务分工推进实施。依托重点企业或企业联盟、省份、通道等开展试点。建立多式联运"一单制"运输模式，开展多式联运"一单制"电子提单模块开发测试，搭建提单使用体系基本框架，探索海关监管及保险模式，开展部分金融服务等。

3. 推广应用阶段（2024年1月至2024年12月）

逐步推广应用至全国主要省（自治区、直辖市）和主要企业，完善多式联运电子提单流程，不断完善业务流程，逐步形成标准体系，推广提单创新保险模式、海关监管模式、金融服务模式，形成一批成果和案例。多式联运"一单制"被市场高度接受和认可，与国际对接的相关法律法规或判例能够有效保障权益。

4. 总结完善阶段（2025年1月至2025年12月）

形成标准的单证格式、统一的业务流程、清晰的单证规则、创新的保险服务模式、快捷的信息交互体验、便利的海关监管模式、智能的无纸化电子提单、成熟的多元金融产品应用等。多式联运"一单制"服务规则和运行标准逐步上升形成国家标准甚至国际区域标准。

CHAPTER 5 第五章

多式联运"一单制"发展推进路径

未来一段时期是我国加快构建新发展格局、实现碳达峰、碳中和的关键时期，是全力推进交通强国建设、加快各种运输方式深度融合、多式联运快速发展的关键时期，更是推动多式联运"一单制"由初步探索向实质突破、由地方实践向全面部署推进的关键时期。按照总体推进思路，建议重点开展以下工作。

第一节 以单证金融化为重点，重塑国际规则

一 制定以多式联运提单为牵引的规则和服务规范

在现有制度探索基础上，加快铁路运单和多式联运提单金融化，提高多式联运"一单制"全程服务能力，提高铁路、港口、海运企业及多式联运经营企业铁海联运"一单制"服务能力，加强与贸易、海关、金融等机构的紧密合作，提高"门到门"全程物流保障能力，明确各类主体的责任、权利和分工。鼓励生产制造、贸易企业"一次委托"享受"全程服务"，鼓励多式联运经营人签发"全程提单"，实现"一箱到底""一单到底"，推广"一带一路"贸易多式联运提单运用范围，稳步向可接受人民币结算的重点国别国际多式联运领域推广。

二 围绕标准化、全链条构建多式联运配套系统

着眼经济系统整体效率的提升，适应产业发展阶段特征和迈向中高端战略需要，建设更"广谱"的多式联运系统，强化与全供应链联动，实现不同货类和不同空间维度联运系统内部，以及联运系统与产

业、国际贸易等系统的全方位高度耦合和协同高效运行，探索开行基于多式联运提单的特色化班列，实现"多式联运＋金融＋产业"有机结合。

三 依托多式联运提单，重塑和主导国际物流贸易规则

加快构建符合我国实际的国际多式联运系统，以我国主导的多式联运提单为基础，加载或植入人民币第三方结算系统，在结合既有国际规则以及FOB（Free On Board，即船上交货或装运港船上交货），CIF（Cost Insurance and Freight，即成本加保险费和运费）等贸易条款基础上，逐步推进以我为主的国际多式联运和国际贸易结算规则，研究建立依托中欧班列等陆路国际多式联运方式的FOR（Free on Railway）、CIFR（Cost Insurance and Freight on Railway）等贸易条款，优先在"一带一路"沿线沿路各国推广使用，提升我国在国际运输、贸易、结算中的话语权，塑造以我为主的国际物流和贸易新规则。❶

四 探索内贸多式联运运单物权化试点

以标准化多式联运运单为基础，以全程动态信息监管为保障，加强与银行、保险等金融机构合作，拓展运单融资结算、"运单＋动产"质押、"运单＋仓单"质押以及保险、担保、应收账款等金融服务功能，拓展多式联运运单的使用范围，增强多式联运市场主体货源吸引力，服务实体经济发展。

---

❶ FOB、CIF贸易术语仅用于水运，但目前能够满足贸易合同各方对于相关成本和风险的解释和应用，国际商会（ICC）也建议逐步取消仅适用某一运输方式的贸易术语，以符合多式联运的发展趋势。此处提出FOR和CIFR举例说明要积极推进建立中国多式联运贸易规则。

第二节 以单证电子化为重点，提升服务质效

一、研究推广多式联运电子运单

统一业务衔接口径，通过标准的数据集合，构建基于"一单制"的全程物流业务流程；通过无缝的信息流转，带动线下不同物流实体间业务衔接，以平台订单为主线，串联起全程物流各阶段业务数据、单证，形成涵盖全程物流所涉及的所有物流主体的完整的数据链。数据在数据链各阶段的流转和处理标准化规范化，不同实体间的数据映射自动化。数据信息之间，已经能够通过标准的数据映射规则和标准，实现映射的数据集合规范化，所有物流数据在不同运力间可以自动映射切换流转，真正实现通过统一的"一单制"物流数据集合，规范线下的单证标准和内容。该阶段可以以线下标准程度较高的集装箱业务为核心，先在合作企业间建立数据映射标准，再逐步推广到行业联盟构建统一的行业标准。统一的单证记载各种运输方式要素，可以一次完成信息记载，也可以随物流进程多次回填补充记载。基于物流数据集合中的物流要素数据，根据不同的多式联运业务需求，在面对不同角色的客户时，生成各类多式联运业务单证，但面对客户的仅仅是一张云平台订单。这张订单不拘泥于某一具体的格式，呈现出多样性的表现形式，数据来源具有统一性，都来自于唯一的平台"一单制"数据要素集合。

二、建立多式联运"一单制"数据交换体系

通过统一的数据交换标准，对于不同的物流要素，在不同的发货方、承运方之间，建立起各类运力数据间的映射关系，从而在不同的信息系

统之间，进行数据的无缝衔接和交换，从数据上实现交换方面的"一单制"，打通不同的运力方式数据壁垒；通过数据集合中数据的跨系统流动，实现多式联运"一单制"的数据交换功能，进而围绕基本物流功能，推进组织规则的适应性调整、变革。特别是在人工智能高速发展的时代，单证的智能化处理正变得轻松简单，并为打破"规则"壁垒创造了良好条件。

三 推动多式联运信息互联共享

汇集"一单制"电子标签赋码及信息汇集、共享、监测等功能。支持企业建立跨各种运输方式的经营性平台，整合货源、车辆（舱位）、班期等信息。利用互联网、物联网、大数据、云计算等先进技术手段，推动企业信息系统链接铁海集装箱追踪数据端口，实现不同运输方式间数据互联、资源共享、联动高效，提升信息平台对于物流效率、贸易的促进作用。同时，积极推动与海关、工商、税务等部门基础公共数据的对接。以信息系统建设为载体，建立多式联运运单关键信息交换渠道，尽快实现货物全流程监控与全链条追溯。

四 推动多式联运电子提单应用

研究明确多式联运电子提单及相关法律解释，联合多式联运经营人、承运人、托运人、保险、金融机构、海关等机构协作完成电子提单签发、背书、电子提单转让等操作流程。依托企业多式联运信息平台中，完善电子提单信息录入、提单监管、提单交易、提单注销等功能，实现贸易、物流、金融等多重信息融合。充分利用区块链技术的高透明度、不可篡改性、可追溯性，为电子提单的安全性提供保障。

第三节　以单证规范化为重点，夯实发展基础

一　完善并推广标准化多式联运单证格式

《国内集装箱多式联运运单》《国内集装箱多式联运电子运单》为单证标准化打下了良好的基础，同时，CIFA 多式联运提单已经在国际多式联运中被广泛应用。在此基础上，进一步完善单证格式，优化业务流程和使用逻辑，支撑市场主体制定符合行业标准的多式联运单证，提供"一次委托、一单到底、一次结算"的服务方式。

二　推动完善多式联运"一单制"管理制度

推动铁路、公路、水运、民航等部门修订完善运输管理制度，在运输管理制度中充分考虑多式联运运单使用流程，明晰多式联运基本条件、业务办理程序、运输管理要求、运输组织模式、信息统计规则等制度安排，加强与各种运输方式间管理制度的协调衔接。

三　健全多式联运"一单制"标准规则体系

加快推动综合运输与多式联运标准的制定，研究解决不同运输方式在票证单证、货类品名、危险品划分、包装与装载要求、安全管理、保险理赔、责任识别等方面衔接统一问题，减少重复填报内容和环节。

四　完善多式联运信息资源互联共享标准规范体系

加快推进全国多式联运公共信息平台建设，整合不同运输方式信息资源，利用电子锁、物联网、大数据、区块链等先进技术，推进多式联运运单电子化,实现货物全程可跟踪、可追溯。以标准化多式联运运单为基础,研究制定多式联运互联互通相关技术标准,包括数据源代码集、单证交换和通信交换标准等,编制多式联运共享信息使用规范,明确数据的使用主体、使用范围、使用方式和交换规则。

五 推动完善法律法规体系

配合商务部加快《可转让货物单证公约草案》工作进程,为国际多式联运贸易提供法律依据。完善《铁路法》《民法典》《海商法》《航空法》《铁路和水路货物联运规则》《铁路货物运输管理规则》等相关法律法规,明确多式联运运单与海运提单、海运运单、铁路运单、公路运单等从属关系,保障多式联运利益相关方的合法利益。推动《交通运输法》《多式联运法》立法进程,明确多式联运运单为合同与货物接管证明的法律定位,明确以承运人身份开展多式联运的经营人法律关系。

第四节 以单证标准化为重点,培育市场主体

一 培育多式联运经营人

(1)培育网络平台货物多式联运经营人。一方面,在培育无船(车)承运人基础上,发展或创新平台型多式联运经营人新业态,负责与各段运输实际承运人签订分段运输合同,协调全程运输组织,实现无缝衔接。另一方面,鼓励传统运输企业向多式联运经营人转型,重点推进水运、航空、铁路和大型公路运输企业等向多式联运经营人转型,鼓励企业组建联合经营体,与托运人签订全程运输合同,独立或合作完成全程运输。

（2）培育国际多式联运承运人。打破行业分割、完善政策环境，引导货运代理企业，特别是有实力的货运代理企业发展国际多式联运业务，负责全程运输组织。

（3）探索培育有箱承运人。鼓励拥有集装箱的第三方承运人发展，以自有箱为单位，进行全运输链以及全物流链组织。

（4）培育集装箱、托盘等专业经营企业。构建高效的跨国、跨区域调配系统，推进集装箱循环共用。

二、培育多式联运经营平台企业

推动通道沿线省（自治区、直辖市）合资建立陆海新通道运营有限公司，组建区域运营公司，加强区域合作、资源共享、互惠互利。

三、鼓励拓展境外网络

壮大多式联运市场经营主体，发挥陆海新通道运营有限公司作用，推动本地铁海联运市场经营主体通过联合、兼并等方式壮大网络和业务能力，引入跨国跨区域铁海联运经营主体在沿线设立分支机构，为市场客户提供陆海新通道铁海联运全程运输服务。

第五节　以单证载体化为重点，构建行业生态

一、优化多式联运"一单制"通关监管模式

鼓励西部陆海新通道等探索实施基于"多式联运提单"的新通关模式，对在海关注册登记或备案的高资信多式联运经营企业，按照相关规定实施便捷的通关管理措施。持续加强与沿线国家海关合作，推进多式联运通关便利化。

二、加强多式联运"一单制"融资服务保障

鼓励利用电子锁、物联网、大数据、区块链等先进技术搭建陆海新通道物流金融业务场景，积极发展国际代采、提单融资增信、运费保理、融资租赁等金融业务，提高多式联运提单在国际贸易结算、融资中的接受程度。鼓励融资担保、小额贷款、商业保理、融资租赁等地方金融从业机构积极为通道货主及货运代理企业提供融资支持。

三、促进多式联运"一单制"保险制度创新

加强保险机构和多式联运经营人、铁路、海运承运人之间的合作，引入大型外资保险公司与本地保险公司联合壮大网络和业务能力，推动有条件的保险机构，针对西部陆海新通道推出货物运输保险、物流责任险、货运代理人责任险等多式联运险种，保障提单签发主体的权益，实现多式联运"一单制"及"一次保险、全程责任"。

第六节 以单证普及化为重点，推进试点示范

多式联运示范工程是国家层面推进多式联运发展的重要载体，多式联运示范工程企业是目前国内开展多式联运的骨干企业，为促进多式联运创新发展发挥了积极作用。近年来，交通运输部联合国家发展改革委深入开展多式联运示范工程建设，截至2024年，前四批116个多式联运示范工程项目，完成集装箱多式联运量超过800万TEU，开通联运线路450余条，覆盖海铁联运、陆空联运、公铁联运、国际联运等多种联运模式。在第三批、第四批多式联运示范工程申报过程中，特别提出优先支持开展多式联运"一单制"试点的项目，目前多式联运市场关于多式联运"一单制"探索模式，

绝大多数都是示范工程企业牵头开展的。

为此，欲推进多式联运"一单制"加快发展，要特别发挥多式联运示范工程的作用，以多式联运示范工程企业为主体，组织开展多式联运"一单制"试点，探索推进国内多式联运电子运单和国际多式联运提单发展模式，有序推进多式联运单证电子化、标准化等工作，积累发展经验。

一、依托现有"多式联运示范工程"开展"一单制"示范

（1）加大多式联运"一单制"支持力度，优先在多式联运示范工程企业中推广多式联运"一单制"模式，应用标准化单证，发展金融等服务，打通方式间信息壁垒，提供"一次委托、一次结算、一次保险、一单到底、全程负责"的联运服务。

（2）重点围绕铁路、公路、水路、民航、邮政等大型化、网络化货运企业为主体，在特定线路、特定站点试点探索"一单制"，鼓励企业在制定出台配套管理制度和技术规程探索实践，加快形成"可复制""可推广"经验。

（3）交通运输部组织编制"一单制"实践案例和分析各地模式，成熟一个推广一个，向全国复制成功经验。

二、遴选骨干多式联运经营人开展多式联运"一单制"试点

（1）建议从国家层面或地方层面通过多部门联合推进方式开展试点，由交通运输部门牵头，联合财政、商务、生态环境、海关、银行保险监督管理、铁路、民航、邮政等部门共同推进，明确申报要求，重点支持多式联运示范工程企业开展试点，加强试点运行监测工作。

（2）加大政策的支持力度，以具有吸引力和创造性的政策，引导龙

头骨干企业积极参与。例如：

① 铁路部门开放数据接口；

② 税务部门探索统一税率标准；

③ 财政部门将试点企业纳入多式联运产业基金重点支持企业和重点项目目录；

④ 银行保险监督管理部门予以多式联运单证金融化支持；

⑤ 交通运输、国家发展改革委、生态环境、财政等部门，将试点企业纳入绿色低碳货运企业等项目库中，将试点企业多式联运量纳入碳核算体系，支持开展碳交易、绿色金融试点等，优先开展碳排放权市场交易试点，享受碳达峰相关支持政策；

⑥ 交通运输等部门鼓励网络平台多式联运经营人等新业态发展。

APPENDIX 附录

附录1　《民法典》关于多式联运合同的规定

第三编　合同

第二分编　典型合同

第十九章　运输合同

第四节　多式联运合同

第八百三十八条　多式联运经营人负责履行或者组织履行多式联运合同，对全程运输享有承运人的权利，承担承运人的义务。

第八百三十九条　多式联运经营人可以与参加多式联运的各区段承运人就多式联运合同的各区段运输约定相互之间的责任；但是，该约定不影响多式联运经营人对全程运输承担的义务。

第八百四十条　多式联运经营人收到托运人交付的货物时，应当签发多式联运单证。按照托运人的要求，多式联运单证可以是可转让单证，也可以是不可转让单证。

第八百四十一条　因托运人托运货物时的过错造成多式联运经营人损失的，即使托运人已经转让多式联运单证，托运人仍然应当承担赔偿责任。

第八百四十二条　货物的毁损、灭失发生于多式联运的某一运输区段的，多式联运经营人的赔偿责任和责任限额，适用调整该区段运输方式的有关法律规定；货物毁损、灭失发生的运输区段不能确定的，依照本章规定承担赔偿责任。

附录 2　国内集装箱多式联运运单样式

国内集装箱多式联运运单样式如附图 2-1 和附图 2-2 所示。

LOGO
www.xxx.com

中国×××××××××有限公司
国内集装箱多式联运运单

运单号码：DL×××××××××××

托运人	名称		经办人 及手机号码		托运人记事 签章 年　月　日
	地址		电子邮箱		
收货人	名称		经办人 及手机号码		
	地址		电子邮箱		
始发地			□托运人施封		
目的地			运到期限：　□		

集装箱箱型	集装箱箱号	集装箱施封号	货物名称	体积（m^3）	包装	件数	货物重量（t）	集装箱重量（t）	总重量（t）
合计									

多式联运经营人	地址				多式联运经营人记事 签章 年　月　日
	经办人姓名		联系电话 电子邮箱		

合同号（运单号）：	合同号（运单号）：	合同号（运单号）：
运输方式：□公路　□铁路 □水运　□航空	运输方式：□公路　□铁路 □水运　□航空	运输方式：□公路　□铁路 □水运　□航空
接收地点和时间：	接收地点和时间：	接收地点和时间：
交付地点和时间：	交付地点和时间：	交付地点和时间：
（自由设置区）	（自由设置区）	（自由设置区）
区段1承运人记事 签字： 盖章： 年　月　日 地址： 联系电话：	区段2承运人记事 签字： 盖章： 年　月　日 地址： 联系电话：	区段3承运人记事 签字： 盖章： 年　月　日 地址： 联系电话：
收货人 签字：　年　月　日　盖章：		

注：按一批托运的集装箱货物，不能逐一将品名在多式联运运单内填记时，应另附国内集装箱多式联运货物清单。

附图 2-1　国内集装箱多式联运运单（正面）样式

运单号码：＿＿＿＿＿＿　　货物清单号码：＿＿＿＿＿＿

序号	集装箱箱型	集装箱箱号	集装箱施封号	货物名称	体积（m^3）	包装	件数	货物重量（t）	集装箱重量（t）	总重量（t）	备注

年　月　日

附图 2-2　国内集装箱多式联运运单（货物清单）样式

附录3　铁路运单（货票）

铁路货物运单，是铁路货物运输合同或运输合同的组成部分，也是铁路收取货物运输费用的结算单证之一，系一整套票据，由带编号的6联和不带编号的需求联组成（附表3-1），可以按照需求分别打印各联。货物运送用统一样式的运单办理，不再使用货票和快运货票办理。运单格式（附图3-1）不得随意改动，各联打印规格均为A4（210mm×297mm）。各栏由托运人和承运人按规定填写。

各联票据相关信息　　　　　　　　　　　　　附表3-1

序号	各联名称	领收人	用途	备注
第1联	货物运单正本（发站存查联）	发站	发站留存的已生效的运输合同	相同的运单号
第2联	货物运单副本（收款人报告联）	发站	发站收款的已生效的运输合同	
第3联	货物运单正本（托运人存查联）	托运人	托运人留存的已生效的运输合同	
第4联	货物运单副本（到站存查联）	到站	到站留存的已生效的运输合同	
第5联	货物运单副本（收货人存查联）	收货人	收货人留存的已生效的运输合同	
第6联	货物运单副本（领货凭证联）	收货人	收货人在到站办理领货的凭证	
第7联	货物运单（需求联）	发站	记录客户提报需求，发站留存	无运单号

附录

××铁路局货物运单

BKHZA01234

附图 3-1 铁路运单样式

托运人须知

1. 托运人在铁路托运货物，在本单签字或盖章，即证明愿意遵守《中华人民共和国合同法》《中华人民共和国铁路法》《铁路安全管理条例》等法律法规，以及《铁路货物运输规程》等铁路规章的有关规定。

2. 托运人应签署《货物托运安全承诺书》，不得匿报、谎报货物品名，不得托运或在所托运货物中夹带国家禁止运输的物品，不得在普通货物中夹带危险货物，不得在危险货物中夹带禁止配装的货物。

3. 托运人在本单所记载的货物名称、件数、包装、价格、重量、等事项应与货物的实际完全相符，并对其真实性负责。

4. 货物的内容、品质和价格是托运人提供的，承运人在接收和承运货物时并未全部核对。

5. 托运人应妥善保管电子领货密码或领货凭证，并及时将电子领货密码告知或将领货凭证寄交收货人，收货人凭电子领货密码或领货凭证经到站验证后，在到站领取货物。

6. 托运人选择电子领货方式时，应在电子运单中正确填记收货人的经办人姓名、身份证号码、手机号码和电子领货密码。

7. 托运人选择保价运输时，应填写货物的实际价格，作为计算"保价金额"的依据。当货物在运输过程中发生损失时，承运人对保价货物按照货物的保价金额和损失比例赔偿，对非保价货物，按规定的限额赔偿。

8. 托运人应凭本单于次月底前换开增值税发票。

本单于托运人和承运人双方签字或盖章之时起生效。

收货人须知

1. 收货人应妥善保管电子领货密码或领货凭证，接到货物到达通知后，及时领取货物。

2. 收货人凭电子领货密码领取货物时，应同时出示身份证原件；委托他人领取货物时，收货人应登录铁路货运网上营业厅，正确填记被委托人姓名、身份证号码、手机号码等委托信息，被委托人凭电子领货密码和本人身份证原件领取货物。

收货人凭领货凭证领取货物时，应同时出示身份证原件；委托他人领取货物时应同时提供领货凭证、收货人身份证复印件、被委托人身份证原件和委托书。收货人为法人单位时，除提供经办人身份证原件外，还需提供加盖单位公章的委托书。

3. 收货人应按规定支付相关费用。

4. 收货人接收货物时，发现货物损失应立即向承运人提出。

5. 货物交付完毕，双方之间合同关系即为履行完毕；此后发生问题，承运人不承担责任。

货物托运安全承诺书

根据《中华人民共和国铁路法》《铁路安全管理条例》，托运货物必须遵守国家关于禁止或者限制运输物品的规定；托运人托运货物，不得匿报、谎报货物品名、性质、重量，不得在普通货物中夹带危险货物。

依据《铁路安全管理条例》第九十六条规定，托运人托运货物时，将危险货物谎报或者匿报为普通货物托运的，或在普通货物中夹带危险货物，由铁路监督管理机构依法处置。依据《中华人民共和国铁路法》第六十条规定，以非危险品品名托运危险品，导致发生重大事故的，依照刑法有关规定追究刑事责任。

本公司（本人）已阅知上述法律法规规定。承诺申报的货物运单和物品清单所填记事项真实，与实际货物相符，没有匿报、错报货物品名。托运的货物没有危险货物，没有国家法律法规及铁路部门禁止托运或混装的货物。违反此承诺造成的一切法律责任及后果由本公司（本人）承担。

  托运人（盖章/签字）：

附录4 海运提单

海运提单如附图 4-1 所示。

海运提单 BILL OF LADING

1）托运人 SHIPPER				10）提单号码 B/L NO.
2）收货人 CONSIGNEE				
3）被通知人 NOTIFY PARTY				
4）收货地点 PLACE OF RECEIPT		5）船名 OCEAN VESSEL		
6）航次 VOYAGE NO. 1101		7）装运港 PORT OF LOADING		
8）卸货港 PORT OF DISCHARGE		9）交货地点 PLACE OF		
11）唛头 MARKS	12）包装与件数 NOS.&KINDS OF PKGS	13）商品名称 DESCRIPTION OF GOODS	14）毛重 G.W.（kg）	15）体积 MEAS(m³)
16）集装箱数或件数合计（大写）TOTAL NUMBER OF CONTAINERS OR PACKAGES (IN WORDS)				
运费与附加费 FREIGHT & CHARGES	计费吨 REVENUE TONS	费率 RATE 10%	每..PER CARTON	预付 PREPAID / 到付 COLLECT
预付地点 PREPAID AT	到付地点 PAYABLE AT	17）签发地点与日期 PLACE AND DATE OF ISSUE		
总计预付 TOTAL PREPAID	18）提单签发的份数 NUMBER OF ORIGINAL B(S)L	19）日期 DATE		
装船船名 LOADING ON BOARD THE VESSEL		20）承运人或代理人签名		

附图 4-1 海运提单

附录 5　水陆联运货物运单

水陆联运货物运单

托运人→起运站港→到达站港→收货人

国家计划号
货物准于　月　日搬入
地点
指定于　月　日装车或船

经由站名及线名：
运单（　）字第（　）号
换装清单顺序号码：

车种	车号	标记载重	整车或零担	发站(局)或起运港	承运船名 航次 航线	到站(局)或到达港	第一转出船名 航次 航线	第一换装地点		第二转出船名 航次 航线	第二换装地点		第三换装地点	
								港名	站名		港名	站名	港名	站名
								换装站、港日期戳			换装站、港日期戳		换装站、港日期戳	
托运人	名称													
	地址													
	电话													
	开户银行													
	账号													
收货人	名称													
	地址													
	电话													
	开户银行													
	账号													

续上表

托运人标记	货物名称	包装	件数	货物重量的确定			计费重量			费率记载										
				托运人 千克	承运人 千克		铁路 千克	水路 千克		铁路			水路							
										运价号	费率	等级	费率(海)	等级	费率(江)	等级	江运 公里	费率(河)	河运 公里	
																	海运 海里			
																	铁路 公里			
合计件数		合计重量								费用项目					承运时 核收	交付时 核收				
										运费										
										装(卸)费										
										换装费										
										港务费										
										合计										

托运人记载事项

货物分次搬入记载

月	日	时	货名	件数	千克	经办人签章

运单提出时间 年 月 日
发货人(盖章)

承运人记载事项

货物分次交付记载

月	日	时	货名	件数	重量	经办人签章

货物变更运输记载

受理站港	电报号	变更事项	费用处理	(经办人签章)

处理站港日期戳

续上表

编制站港	记录号码	内容摘要		交付时核收		货物交付日期戳	
				货物于 月 日到达			
				货物于 月 日到达			
				货物于 月 日到达			

记录事项

附录6 水路货物运输合同（集装箱）

水路货物运输合同（集装箱）样式如附图 6-1 所示。
承运人、实际承运人、托运人、收货人的有关权利、义务，适用《国内水路货物运输规则》

水路货物运输合同（集装箱）

编号：

托运人	名称		承运人	名称	
	地址、电话			地址、电话	
实际承运人	名称		收货人	名称	
	地址、电话			地址、电话	
船名	航次	装船日期	运到日期	货物交接地点和时间	接收
起运港		中转港	到达港		交付
箱量、尺寸、箱型		货物名称	重量（吨）	件数、包装	运输费用及其结算方式
其他约定					

说明：1. 本合同格式适用于单航次集装箱班轮运输合同。
　　　2. 规格：长 19cm，宽 27cm。

托运人（签章）　　　　　　　　　　　　　　　　　　　承运人（签章）

　年　月　日　　　　　　　　　　　　　　　　　　　　　年　月　日

附图 6-1 水路货物运输合同（集装箱）样式

附录7　海上国际集装箱货物交付单证附件

到货通知书格式见附表7-1。

到货通知书　　　　　　　　　　　附表7-1

到货通知书
ARRIVAL NOTICE

收货人全称、电话、传真：			No.	
通知方全称、电话、传真：				
您单位下列进口货物即将抵港，请速凭正本提单或正本多式联运单证（背书）来我公司办理提货手续。				
船名	航次	起运地（港）		目的地（港）
提单号或多式联运单证号				
交付条款		到付费用		到达日期
件数		重量（kg）		体积（m³）
集装箱数	20英尺；　40英尺；　其他：			
标志	集装箱号/封志号/箱型		货名（Description）	
特此通知 承运人或多式联运经营人或其代理人专用章 我公司地址：　　　电话：　　　传真：　　　年　月　日				
注意事项： 1. 提取私人行李或托带物品，除携带正本提单或多式联运单证外，尚需出示本人护照、海关私人行李进境申报单等。 2. 根据海关规定，货物到港（场、站）14天内未能及时向海关申请，由此引起的海关滞报金，由收货人承担，货物抵港三个月不报关，将作无主货处理。 3. 货物运至提单所规定的地点后，收货人应在当地口岸规定时间内提货。因收货人或其代理人原因造成未能及时提取的集装箱超期使用费、港口疏港费用等，由收货人承担。 4. 收货人应在提货后15天内发出货损货差通知，否则将视为承运人或多式联运经营人完好无损交付货物的初步证据。 5. 将集装箱提离港口或场、站者，应向我司交付箱体押金。				

提货单格式见附表 7-2。

提货单　　　　　　　　　　　　　　　　　附表 7-2

提货单			
DELIVERY ORDER			
致：港口装卸公司、场、站			
收货人全称、电话：			No.
通知方全称、电话：			
下列货物已办妥手续、费用结清，准予交付收货人。			
船名	航次	起运地（港）	目的地（港）
提单号或多式联运单证号			
交付条款	到付费用	到达日期	卸货地点
进库场日期	件数	重量（kg）	体积（m³）
集装箱数	20 英尺； 40 英尺； 其他：		
标志	集装箱号 / 封志号 / 箱型		货名（Description）
请核单交付货物 承运人或多式联运经营人或其代理人专用章 凡属法定检验、检疫的进口商品，必须向有关监督机构申报 　　　　　　　　　　　　　　　　　　　　　　　年　月　日			
收货人章、经办人签字	海关章		检验、检疫章
备注：			

费用账单格式见附表 7-3。

费用账单　　　　　　　　　　　　　　　　　　　　附表 7-3

<table>
<tr><td colspan="6" align="center">费用账单
CHARGES DOCUMENT</td></tr>
<tr><td colspan="5">致：港口装卸公司、场、站</td><td>No.</td></tr>
<tr><td rowspan="2">收货人或通知方</td><td>全称</td><td colspan="2">经办人</td><td colspan="2" rowspan="2">收货人开户
银行与账号</td></tr>
<tr><td>地址</td><td colspan="2">电话</td></tr>
<tr><td>船名</td><td>航次</td><td colspan="2">起运地（港）</td><td colspan="2">目的地（港）</td></tr>
<tr><td colspan="6">提单号或多式联运单证号</td></tr>
<tr><td>交付条款</td><td>到付费用</td><td colspan="2">到达日期</td><td colspan="2">卸货地点</td></tr>
<tr><td>进库场日期</td><td>件数</td><td colspan="2">重量（kg）</td><td colspan="2">体积（m³）</td></tr>
<tr><td>集装箱数</td><td colspan="5">20 英尺；　　40 英尺；　　其他：</td></tr>
<tr><td>标志</td><td colspan="3">集装箱号/封志号/箱型</td><td colspan="2">货名（Description）</td></tr>
<tr><td colspan="6" height="300"></td></tr>
<tr><td>项目</td><td>货物港物费</td><td>港口建设费</td><td>堆存费</td><td>装汽车费</td><td>装驳船费</td><td>拆箱费</td><td>其他费用</td></tr>
</table>

<table>
<tr><td>项目</td><td>货物港物费</td><td>港口建设费</td><td>堆存费</td><td>装汽车费</td><td>装驳船费</td><td>拆箱费</td><td>其他费用</td></tr>
<tr><td>箱或计费吨</td><td></td><td></td><td></td><td></td><td></td><td></td><td></td></tr>
<tr><td>单价</td><td></td><td></td><td></td><td></td><td></td><td></td><td></td></tr>
<tr><td>金额</td><td></td><td></td><td></td><td></td><td></td><td></td><td></td></tr>
<tr><td colspan="8">合计（大写）</td></tr>
<tr><td>收货人章</td><td colspan="2">收款单位
财务章</td><td colspan="2">港口装卸公司、场、站
受理章</td><td>核算章</td><td>复核章</td><td>开单日期</td></tr>
</table>

交货记录格式见表附表 7-4。

交货记录　　　　　　　　　附表 7-4

提货单 DELIVERY ORDER			
致：港口装卸公司、场、站			No.
收货人或通知方	全称	经办人	收货人开户银行与账号
	地址	电话	
船名	航次	起运地（港）	目的地（港）
提单号或多式联运单证号			
交付条款	到付费用	到达日期	卸货地点
进库场日期	件数	重量（kg）	体积（m³）
集装箱数	20 英尺；	40 英尺；	其他：
标志	集装箱号/封志号/箱型		货名（Description）

交货记录							
交货日期	集装箱号/ 箱型 或货名	出库场数			操作过程	经手人签名		收货人章 年 月 日 港口装卸公司、场、站章 年 月 日
		件数	包装	重量		发货员	提货人	
备注							

附录8 快递运单

快递运单如附图 8-1 所示。

快递运单

托运人	单位：			收货人	联系人：		单位：		
	电话：				电话：		地址：		
货物名称		件数	总重量（吨）	包装规格		保费（元）	运费（元）		备注
合计费用：（大写）					￥	结算方式			
协定事项： 1.托运人必须如实填写货物名称、件数、重量及收货人的详细地址和电话，并出具托运货物合法手续。 2.所托运货物外包装必须完好无损、易燃、易爆物品必须声明。国家法律法规禁运物品，本公司概不受理。 3.托运人托运的货物应上全额保险，如有货物损坏丢失，按照有关规定和损坏的程度确定赔偿金额，但最高赔偿不能超过保险金额，没按规定上全额保险的，托运人自负，如遇特殊原因需赔偿的，每千克按人民币5元赔偿，最多不超过10元每千克。 4.货到指定地点，收货人当场清点验收，如收货人当场对本批货物没有提出异议可视为本次货物安全到达。 5.托运人和收货人如有查询、索赔或其他事宜，应在本单开出之日起十五日内提出，过期本公司概不受理。									经办人签字： 托运人特约事项 本协议双方签字认可，具有同等法律效力。
托运人签字：					托运人电话：				

附图 8-1 快递运单

附录9 航空运单

航空运单如附图9-1所示。

航空运单

兹委托你公司空运以下货物。一切有关事项列明如下：

始发站	济南	目的地		普通运输		急件运输	
托运人姓名、单位地址：					电话：		
收运人姓名、单位地址：					电话：		
预定航班/日期				运输声明价值		运输保险价值	
储运注意事项及其他：							

件数	毛重（千克）	运价种类	商品种类	计费重量（千克）	货物品名（包括包装、尺寸或体积）

货运单号码：	本人郑重声明：此托运书上所填货物品名和货物声明价值与实际交货货物品名和货物实际价值完全一致。并对所填托运书和所提供的与运输有关文件的真实性和准确性负责。
注：粗线栏内由承运人填写	

经办人	安全检查		托运人有效证件名称：
	包装检查		托运人签名：
	重量计算		
	重量复核		证件号码：
	标签填写		托运单位：
	年 月 日		年 月 日

托运人承诺如下：
（一）交运的快件货物符合相关法律法规的要求，其中不夹带违禁品和危险品；
（二）已对交运的快件货物完成了安全初检，对未知客户进行了重点检查；
（三）货物包装符合航空运输要求；
（四）快件货物在仓储和陆地运输的过程中采取了安保措施；
（五）因托运人对所托运货物的描述不符合规定、不正确或者不完全，给代理人、承运人及其他与此次货物航空运输相关的单位或人员造成损失的，托运人应当承担法律责任，除非有相反的证据证明；
（六）出港货邮品名清单附背面。

附图9-1 航空运单

附录10 交通运输部 商务部 海关总署 国家金融监督管理总局 国家铁路局 中国民用航空局 国家邮政局 中国国家铁路集团有限公司关于加快推进多式联运"一单制""一箱制"发展的意见（交运发〔2023〕116号）

各省、自治区、直辖市、新疆生产建设兵团交通运输厅（局、委）、商务主管部门、金融监管总局各监管局，海关总署各直属海关，各地区铁路监督管理局，民航各地区管理局，各省、自治区、直辖市邮政管理局，各铁路局集团公司：

多式联运"一单制""一箱制"是推动多式联运高质量发展的有效途径，是构建现代综合交通运输体系的必然要求。为深入贯彻落实党中央、国务院决策部署，加快推进多式联运"一单制""一箱制"发展，现提出以下意见：

一、总体要求

（一）指导思想。以习近平新时代中国特色社会主义思想为指导，全面贯彻落实党的二十大精神，坚持稳中求进工作总基调，立足新发展阶段，完整、准确、全面贯彻新发展理念，以推动高质量发展为主题，以深化供给侧结构性改革为主线，加快推进多式联运"一单制""一箱制"发展，推动交通运输结构调整优化，提高综合运输服务质量和效率，更好服务构建新发展格局，为奋力加快建设交通强国、努力当好中国式现代化的开路先锋、全面建设社会主义现代化国家提供坚强有力的服务保障。

（二）工作目标。力争通过 3—5 年的努力，多式联运"一单制""一箱制"法规制度体系进一步完善，多式联运信息加快开放共享，多式联运单证服务功能深化拓展，多式联运龙头骨干企业不断发展壮大，托运人一次委托、费用一次结算、货物一次保险、多式联运经营人全程负责的"一单制"服务模式和集装箱运输"不换箱、不开箱、一箱到底"的"一箱制"服务模式加快推广，进一步推动交通物流提质增效升级，更好服务支撑实现"物畅其流"。

二 主要任务

（一）推进国内多式联运信息互联共享

1. 加快推进多式联运数据开放。加快推动铁路、道路、水路等企业，通过股权合作、数据交易、资源置换等市场化机制，开放多式联运数据。推进信息数据标准化，运用数据接口服务、应用程序接口、嵌入式软件开发工具包、区块链等信息技术，开放业务系统数据接口。铁路开放数据包括但不限于多式联运发到站信息、装卸车信息、到达预报信息、到达确报信息等；道路开放数据包括但不限于起讫地点、货物信息、运力信息、车辆轨迹、运输时间等；水路开放数据包括但不限于港口装卸、货物堆存、船舶进出港、货物单证信息等。

2. 支持多式联运信息集成服务发展。支持铁路、道路、水路以及第三方物流等骨干企业，向多式联运信息集成服务商转型。鼓励企业加快推进不同运输方式信息数据集成整合，通过登录一个业务系统、填报一次运单数据，完成相关多式联运业务办理，实现客户一站式下单、业务集成化处理、单证信息自动流转、货物信息全程追溯。

3. 推广应用标准化多式联运电子运单。引导国内公铁联运率先使用标准化运单，逐步推广到国内铁水联运，做好与空运、海运运单的衔接，推动实现陆海空多式联运运单的统一。推广应用集装箱多式联运运单等标准，鼓励具备条件的企业开展基于标准化多式联运运单的业务流程改造，积极拓展应用场景和范围，构建连接生产流通、串联物流贸易的供应链服务平台。

（二）推进国际多式联运单证应用创新

1. 加快国际多式联运提单推广应用。积极推广应用国际多式联运提单，提升一体化物流服务效能。推动承运企业依托电子锁、物联网、大数据、区块链等技术，加强对货物状态的全程监控，切实提升货物运输在途安全监管能力。鼓励多式联运经营人签发海铁联运全程运输提单，引导多式联运经营人自启运地接收货物后即签发提单，推动国际海运服务功能向内陆延伸。

2. 推动国际多式联运电子提单发展。规范国际多式联运电子提单签发、背书、转让、放货等操作流程，明确提单流转中的责任认定规范等。引导企业完善电子提单信息录入、提单监测、提单交易、提单注销等功能，促进贸易、物流、金融等信息融合。探索扩大区块链技术应用，提高"一单制"数字化效率和安全可信水平。

（三）拓展多式联运"一单制"服务功能

1. 探索赋予多式联运单证物权凭证功能。依托国际铁路联运运单、中国国际货运代理协会多式联运提单等，参照海运提单模式，探索推进以铁路为主的多式联运单证物权化，为国际贸易、金融服务等提供支持。支持铁路企业、货运代理企业、外贸企业、仓储物流企业、银行保险机构等相关市场主体依法订立合同，明确各方权利义务，建立信息验证、全程控货、风险控制的责任机制，在落实控货功能基础上，探索多式联运单证作为提货凭证的唯一性和可流转性。稳步扩大国际多式联运单证在"一带一路"运输贸易中的应用范围。

2.探索发展多式联运"一单制"金融保险服务。铁路运输单证金融服务试点地区，要支持银行参照海运提单下金融服务模式，将风险可控的铁路运输单证作为结算和融资可接受的单证，为外贸企业提供国际结算、信用证开立、进出口贸易融资、供应链金融等服务。有条件的省市可按照铁路运输单证金融服务试点有关要求，在风险可控的前提下，探索开展基于多式联运单证的金融服务。鼓励优化多式联运"一单制"保险服务，推动有条件的保险机构推出相关多式联运保险，保障提单签发主体的权益，实现"一次保险、全程责任"。

3.优化多式联运"一单制"通关监管。在国家政务数据共享机制下加强交通运输、商务、海关等部门数据共享，依法依规为企业提供数据开放服务。对在海关注册登记或备案的高级认证多式联运企业，按照相关规定实施便利化措施，优化多式联运进出境货物监管。加强与"一带一路"沿线国家在智慧海关、智能边境、智享联通等方面合作。

（四）健全多式联运"一箱制"服务体系

1.完善"中途不换箱"合作机制。推动铁路场站设立海运箱还箱点，提供内陆箱管服务，促进集装箱海铁联运发展。加快铁路境外还箱点和回程运输组织体系建设，推动符合国际标准和国家标准的铁路箱下水运输。试点推动建立35吨宽体箱为载体的内贸铁水联运体系。鼓励铁路与船公司建立箱使协作机制，推动集装箱循环共用、联合调拨。加快培育集装箱、半挂车、托盘等专业化租赁市场。

2.优化"全程不开箱"流程管理。健全完善集装箱相关多式联运货物积载等标准,加快集装箱站场智能化建设改造,优化集装箱交接环节掏箱检查等作业流程。推进射频识别、二维码、卫星定位等集装箱全程在线跟踪技术应用,支持具备条件的企业建设集装箱运输数据平台,推动集装箱多式联运全程智能化跟踪管理。

3.提升"一箱到底"服务能力。结合货源地、主要物流通道分布,加快完善全国集装箱场站布局,健全集装箱中转转运网络。完善提箱、还箱、验箱、洗箱、修箱等服务规则,延伸一体化服务链条,提升集装箱场站运营服务能力,为客户提供"一箱到底"用箱服务。

(五)大力培育多式联运经营人

1.鼓励骨干企业向多式联运经营人转型。研究多式联运经营人标准,明确多式联运提单签发主体的条件。鼓励和支持具有跨运输方式货运组织能力并具备承担全程责任的企业发展"一单制""一箱制",支持企业签发多式联运提单。推进铁路、水路、航空和大型道路运输企业等向多式联运经营人转型,探索依托网络货运平台开展多式联运业务,提高全程组织和服务能力。

2.引导多式联运相关企业加强协同协作。鼓励推动多式联运经营人,铁路运输、道路运输、水路运输企业以及货运代理和金融机构等加强合作,建立健全各方互认互信的多式联运业务组织流程、运输安全管理等制度标准。鼓励建立区块链提单的技术支撑平台,利用区块链技术加强多式联运企业间信息互通、业务协同、资源共享。

(六)完善多式联运标准规则

1.健全多式联运"一单制"标准。健全多式联运单证格式、服务要求、业务流程、数据交换等方面技术标准,加快修订多式联运运单、电子运单等标准，推动基于区块链技术的多式联运单证标准研究，统筹做好与国际标准的对接，逐步完善多式联运"一单制"标准体系。

2.推进多式联运服务规则衔接。推动建立与多式联运相适应的规则协调和互认机制，研究制定不同运输方式货类品名、危险货物划分等衔接互认目录清单，建立完善操作规范、支付结算、赔偿责任、赔偿限额等规则体系。推进铁路运输、道路运输和海运的装载要求、操作流程、安全管理等服务规则衔接。

三、保障措施

（一）加强组织领导。各级交通运输、商务、海关、金融监管、铁路、民航、邮政等部门和单位要加强工作协同，完善工作机制，强化风险管控，及时研究解决制约多式联运"一单制""一箱制"发展的制度、政策和技术等问题。具备条件的地区，要将多式联运"一单制""一箱制"作为推进自由贸易试验区贸易投资便利化改革创新重要措施之一，加快推进制度创新、管理创新、模式创新和服务创新，积极推进多式联运"一单制""一箱制"发展。

（二）完善法规制度。积极开展多式联运"一单制""一箱制"相关法律研究工作，逐步探索铁路运输单证、联运单证实现物权凭证功能，通过实践积累经验，为完善国内相关立法提供支撑。开展货物多式联运经营服务管理规则研究，进一步规范多式联运"一单制""一箱制"经营行为。积极推进相关国际规则的修改和制定，推动在国际规则层面解决铁路运输单证物权凭证问题。研究制定货物多式联运量计算方法，研究推进将货物多式联运量等指标纳入交通运输相关统计报表。

（三）强化政策支持。交通运输部将通过国家综合货运枢纽补链强链

等政策，持续引导多式联运"一单制""一箱制"发展。鼓励各地方人民政府，通过对签发提单给予单证费补助，对使用多式联运单证融资给予贷款贴息，对多式联运"一单制""一箱制"相关信息系统给予资金支持等方式，促进多式联运"一单制""一箱制"发展。

（四）组织开展试点。交通运输部将多式联运"一单制""一箱制"作为多式联运示范工程创建重点支持方向，支持企业应用标准化多式联运单证，推动国内多式联运电子运单和国际多式联运提单发展。鼓励各地因地制宜组织开展多式联运"一单制""一箱制"试点，对于符合试点要求、创新性强、示范作用突出的项目，交通运输部将按程序纳入交通强国建设试点。

交通运输部　商务部　海关总署

国家金融监督管理总局　国家铁路局　中国民用航空局

国家邮政局　中国国家铁路集团有限公司

2023年8月21日

参 考 文 献

[1] 中华人民共和国国务院. 中华人民共和国国民经济和社会发展第十四个五年规划和 2035 年远景目标纲要 [EB/OL].(2021-03-13).http://www.gov.cn/xinwen/2021-03/13/content_5592681.htm.

[2] 中华人民共和国国务院办公厅. 国务院办公厅关于转发国家发展改革委营造良好市场环境推动交通物流融合发展实施方案的通知 [EB/OL].(2016-06-21).http://www.gov.cn/zhengce/content/2016-06/21/content_5084083.htm.

[3] 交通运输部等十八部门. 交通运输部等十八个部门关于进一步鼓励开展多式联运工作的通知 [EB/OL].(2017-01-04).http://www.gov.cn/xinwen/2017-01/04/content_5156520.htm#1.

[4] 中华人民共和国国务院. 国务院印发关于推进自由贸易试验区贸易投资便利化改革创新若干措施的通知 [EB/OL].(2021-09-03).http://www.gov.cn/zhengce/content/2021-09/03/content_5635110.htm.

[5] 交通运输部. 交通运输部关于印发《综合运输服务"十四五"发展规划》的通知 [EB/OL].(2021-11-18).http://www.gov.cn/zhengce/zhengceku/2021-11/18/content_5651656.htm.

[6] 中华人民共和国国务院办公厅. 国务院办公厅关于印发推进多式联运发展优化调整运输结构工作方案（2021—2025 年）的通知 [EB/OL].(2022-01-07).http://www.gov.cn/zhengce/content/2022-01/07/content_5666914.htm.

[7] United Nations Economic Commission for Europe(UNECE).Terminology on Combined Transport[Z].2001.

[8] 中华人民共和国国家质量监督检验检疫总局，中国国家标准化管理委员会. 多式联运服务质量要求：GB/T 24360—2009[S]. 北京：中国标准出版社，2009.

[9] 中华人民共和国交通运输部. 货物多式联运术语：JT/T 1092—2016[S]. 北京：人民交通出版社股份有限公司，2016.

[10] 国家市场监督管理总局，国家标准化管理委员会. 物流术语：GB/T 18354—2021[S]. 北京：中国标准出版社，2021.

[11] International Chamber of Commerce. Uniform Rules for a Combined Transportation Document[Z]，1973.

[12] United Nations. United Nations Convention on International Multimodal Transport of Goods[Z]，1980.

[13] UNCTAD, ICC. UNCTAD/ICC Rules for Multimodal Transport Documents[Z]，1991.

[14] 中华人民共和国国家质量监督检验检疫总局，中国国家标准化管理委员会. 国际多式联运单据备案与查询规则：GB/T 30058—2013[S]. 北京：中国标准出版社，2014.

[15] Agreement Concerning International Carriage of Goods by Rail[Z]，1951.

[16] Convention for the Unification of Certain Rules Relating to International Carriage by Air(Warsaw Convention)[Z]，1929.

[17] International Convention for the Unification of Certain Rules of Law Relating to Bills of Lading(Hague Rules)[Z]，1924.

[18] International Convention Concerning the Carriage of Goods by Rail[Z]，1938.

[19] 中华人民共和国交通运输部. 国内集装箱多式联运运单：JT/T 1244—

2019[S]. 北京：人民交通出版社股份有限公司，2019.

[20] 中华人民共和国交通运输部. 国内集装箱多式联运电子运单：JT/T 1245—2019[S]. 北京：人民交通出版社股份有限公司，2019.

[21] "铁路+"多式联运一单制改革——四川自贸试验区探索国际贸易新规则的创新实践[EB/OL].https://www.12371.cn/2019/07/17/ARTI1563338132586347.shtml.

[22] 樊一江，谢雨蓉，汪鸣. 我国多式联运系统建设的思路与任务[J]. 宏观经济研究，2017(7).

[23] 快递业的电子面单革命[EB/OL].http://www.eeo.com.cn/2020/1225/450094.shtml.

[24] 康颖丰. 亚欧铁路国际联运统一运单应用的探讨[J]. 铁道货运，2016，34(6).

[25] 沈冰，沈忠刚，张锦黎. 我国多式联运"一单制"模式构建研究[J]. 铁道运输与经济，2018，40(5).